Jürg Meier
(Herausgeber)

Qualitätsmanagement und
«Die Käserei in der Vehfreude»

Ein Crashkurs in Qualitätsmanagement
überprüft am Roman von Jeremias Gotthelf

Jürg Meier
(Herausgeber)

Qualitätsmanagement und «Die Käserei in der Vehfreude»

Ein Crashkurs in Qualitätsmanagement
überprüft am Roman von Jeremias Gotthelf

Bibliografische Information der Deutschen Nationalbibliothek

Die Deutsche Nationalbibliothek verzeichnet diese Publikation in der Deutschen Nationalbibliografie; detaillierte bibliografische Daten sind im Internet über http://dnb.d-nb.de abrufbar.

Meier, Jürg (Herausgeber).
Qualitätsmanagement und «Die Käserei in der Vehfreude» - Ein Crashkurs in Qualitätsmanagement überprüft am Roman von Jeremias Gotthelf
– 1. Aufl. – 2012
Herstellung und Verlag:
Books on Demand GmbH, Norderstedt (www.bod.de)
ISBN: 978-3-8482-1844-8

Ein herzlicher Dank geht an Emmentaler Switzerland (www.emmentaler.ch), welche erlaubte, das Umschlagbild – den „Gotthelf-Emmentaler" – zu verwenden.

Inhalt

Einleitung

Liebe Leserin, lieber Leser,

sollten Sie „Die Käserei in der Vehfreude" von Jeremias Gotthelf noch nicht kennen, empfehle ich Ihnen sehr, das Werk zu lesen, bevor Sie sich mit dieser Analyse der Käserei und des Käsens aus Sicht des Qualitätmanagements auseinandersetzen wollen.

Grundlage des kleinen Werks bildet ein Kolloquium in Qualitätsmanagement, das ich im Frühjahrssemester 2012 erstmalig an der Wirtschaftswissenschaftlichen Fakultät der Universität Basel angeboten habe. Ich wagte den Versuch, die Studierenden Elemente des Qualitätsmanagements anhand eines literarischen Werkes herausarbeiten zu lassen. Dass ich dazu „Die Käserei in der Vehfreude" von Jeremias Gotthelf auswählte, hat drei Gründe:

1) „Die Käserei in der Vehfreude" eignet sich für die exemplarische Behandlung des Qualitätsmanagements ganz besonders, beinhaltet sie doch alle Aspekte des Wirtschaftens.

2) Die Studierenden sollten sich mit einem literarischen Werk auseinandersetzen, das uns auch aus sprachlicher Sicht einiges abfordert.

3) Als ehrenamtlicher Seelsorger und Bezirksvorsteher

der Neuapostolischen Kirche im Kirchenbezirk Basel (www.bezirk-basel.nak.ch) faszinieren mich die treffenden und zeitlosen Beschreibungen des menschlichen Wesens und Verhaltens, wie sie der evangelisch-reformierte Pfarrer und Schriftsteller Albert Bitzius (1797-1854) unter dem Pseudonym Jeremias Gotthelf veröffentlicht hat, seit Jahrzehnten. Schliesslich ist seine Literatur gewissermassen eine Fortsetzung der Seelsorge mit anderen Mitteln.

In einer ersten Phase des Kolloquiums hatten die Studierenden die Aufgabe, sich in Gruppen anhand eines Buches[1] mit verschiedenen Aspekten des Qualitätsmanagements auseinanderzusetzen, ihre Erkenntnisse zu präsentieren und zusammenzufassen. Im zweiten Teil des Kolloquiums mussten sie das Buch „Die Käserei in der Vehfreude" von Jeremias Gotthelf [2] unter dem jeweiligen Blickwinkel ihres theoretisch erarbeiteten Themas lesen und gleichsam als Fallstudie betrachten. In einem abschliessenden Anlass stellten sie den Kommilitonen ihre zu Papier gebrachten Erkenntnisse vor.

Das Kolloquium war ein nicht ganz risikoloses Unterfangen. Ich hatte keine Ahnung, was herauskommen würde und ob diese spezielle Art eines Kolloquiums bei den Studierenden Anklang findet. Nun, das Ergebnis war derart zufriedenstellend, dass ich mich entschloss, die Beiträge der Studierenden zu überarbeiten, stilistisch zu glätten, wo nötig zu ergänzen und in

---

[1] Jürg Meier, Chefsache Qualitätsmanagement, Norderstedt 2006, 220 Seiten.

[2] Jeremias Gotthelf, Die Käserei in der Vehfreude, illustriert von Albert Anker, Zürich 1965, 526 S., Seitenangaben im Text: (S. ...)

Form dieses Büchleins interessierten Freunden von Jeremias Gotthelf zugänglich zu machen. Falls dieser etwas unübliche Zugang zur Käserei in der Vehfreude Ihnen die eine oder andere neue Einsicht vermittelt, hat es seinen Zweck erfüllt. So nebenbei wissen Sie dann auch gleich noch etwas über das Wesen des Qualitätsmanagements.

ৼ৶ৡৡ

Die Illustrationen aus dem Emmental, die Albert Anker zu Gotthelfs Käserei in der Vehfreude geschaffen hat, verdanken wir dem Verleger Frédéric Zahn (1857-1919) aus La-Chaux-de-Fonds. Dieser brachte 1894 eine „Illustrierte Prachtausgabe" mit ausgewählten Werken Gotthelfs heraus. Die Bilder sollten die Anziehungskraft der Werke verstärken, weil die Lektüre der mit Dialektpassagen gespickten Texte von den Lesern schon damals als recht anspruchsvoll empfunden wurde.

Anker arbeitete – eher widerwillig – ab 1892 an den Illustrationen. Er war in der Auswahl der Motive frei. Ein eigentliches Illustrationskonzept gab es nicht, wohl deshalb ist der Stil seiner Bilder heterogen. Im Burgdorfer Jahrbuch 1997 widmete der Kunsthistoriker Alfred G. Roth (1913-2007) Ankers Emmental-Bilder eine Arbeit [3]. Anker selbst meinte 1899: *„Meine Zeichnungen sind nichts wert"*. Die Tatsache, dass die „Illustrierte Prachtausgabe" während langer Jahre das Bücherregal in vielen Haushalten schmückte, straft diese Aussage allerdings Lügen.

---

[3] Alfred G. Roth, Albert Ankers Emmental-Bilder zu Gotthelfs «Käserei in der Vehfreude», Burgdorf 1997, 42 S.

Anker hat für die Vehfreude den ganzen Herstellungsprozess des Käsens studiert und bildlich festgehalten. So schien es mir richtig, seine Illustrationen auch in dieses kleine Werk einzustreuen und die von Alfred G. Roth beschriebenen Hintergrundinformationen hier aufleben zu lassen.

ফফ♀ফ

Bei der Abfassung stiess ich auf eine „Gotthelf-Predigt" des evangelisch-reformierten Pfarrers Dr. Beat Weber aus Linden im Emmental. Er hat mir freundlicher- und dankenswerterweise erlaubt, diese Predigt, die den Roman hervorragend zusammenfasst und auch christlich-erbauend und zeitgemäss interpretiert, hier als erstes Kapitel abzudrucken. Sie möge dem „Gotthelf-Kenner" wie auch dem „Gotthelf-Neuling" eine Hilfe sein, sich beim Lesen dieses Büchleins zurechtzufinden.

Ein paar Nachgedanken zum Schriftsteller, seinen Botschaften und zur „Vehfreude" runden das kleine Werk ab. Dem Gotthelf-Kenner und Buchautor [4] Hans Rufer, Frenkendorf, danke ich für die kritische, aber auch wohlwollende Prüfung dieses Kapitels ganz herzlich. Ich freue mich, wenn Ihnen die Lektüre ebenso viel Freude beschert, wie mir das Kolloquium mit den Studierenden und die Abfassung und Gestaltung dieses kleinen Werkes bereitet hat.

Pfeffingen/Basel, im September 2012　　*Jürg Meier*

---

[4] Hans Rufer, Jeremias Gotthelf - Mehr Menschlichkeit im Alltag, Basel 1994, 135 S.; Hans Rufer, Jeremias Gotthelf - Aus Ehrlichkeit entsteht Freundschaft, Basel 2005, 132 S.

„Änneli, gimm mr es Müntschi!"

Von der „Vehfreude" und anderen Freuden (und Leiden), zugleich eine „scharfe Predigt" in kurioser wie lieblicher Gestalt

Beat Weber

Evangelisch-reformierte Predigt, gehalten in der Kirche Linden im Emmental am 21. August 2011[5]

1. „Es dunkelte unter dem Himmel ..."

Liebe Predigtgemeinde,

„Es dunkelte unter dem Himmel ..." (S.11). Mit diesem vielsagenden Wort lässt Jeremias Gotthelf seinen Roman „Geburt und erstes Lebensjahr der Käserei in der Vehfreude" beginnen. Düster und dunkel ist es darin oft. Dies fügt sich in das Bild vom „Fortschritt und seinen Versuchungen"[6]. Dazu gesellt sich schwarzer, beissender Humor. Wer die „Vehfreude" liest und hört, der hat viel zu lachen. Und das tut gut. Allerdings weiss man nie, ob man nicht unversehens über sich selber lacht. Plötzlich verliert man die Distanz, wird hineingezogen in die Geschichte und merkt, dass trotz aller Übertreibungen Körner der Wahrheit im eigenen Magen zu „grummeln" beginnen.

---

[5] Anlass zur neuerlichen Beschäftigung mit Gotthelf und seinem Werk waren die Thunerseespiele, an deren Aufführungen im 2011 Gotthelfs Vehfreude inszeniert wurde. Die Predigtform wurde für die Veröffentlichung nur minimal adaptiert und bibliografisch justiert.

[6] Pierre Cimaz, Jeremias Gotthelf (1797-1854) – Der Romancier und seine Zeit, Tübingen - Basel 1998, S. 403.

„Schonungslos, aber nicht trostlos" [7] ist die „Vehfreude". Nicht mit einer Moralpredigt, wohl aber mit scharfer Zunge und lächelndem Auge erzählt und belehrt Gotthelf. Von Gott und Christus ist so wenig die Rede wie kaum in einem anderen seiner Werke. Gleichwohl bekommt man den Eindruck, dass Gott – wie er es in der Bibel selten tut – auch lacht, wie es in Psalm 2,4 heisst: *„Aber der im Himmel wohnt, lacht ihrer ..."* Zu unsinnig ist das Treiben der Menschen, die glauben, sich von der Religion emanzipiert zu haben. Dem trotzt er, legt in weiser Vorsehung inmitten menschlicher Abgründe seine Spur und zündet ein Lichtlein an, wo man es nicht erwartet. Auch die Liebe von Felix und Änneli hat ihren Ort in nächtlichen Stunden. Das Wort *„Änneli, gimm mr es Müntschi!"* (S.483) entweicht dem Felix schlafend im Traum und wird im Dorf zum geflügelten Wort. Es führt nicht nur zu einer Hochzeit, sondern eröffnet dem ganzen Dorf den Weg zu einer Art „Neugeburt". So mag es *unter* dem Himmel zwar dunkel sein, *im Himmel* aber ist hellstes Licht, das niemand zu löschen vermag. Und weil Gott trotz aller Abdankungen, die über ihn gehalten werden, auch auf Erden noch im Regiment ist, hat Bosheit und Unverstand nicht das letzte Wort – solange jedenfalls, als er die Menschen sich und ihrem Treiben nicht vollends überlässt.

---

[7] Walter Muschg, Gotthelf. Die Geheimnisse des Erzählers, München 1931, S. 129.

2. Käsgemeinde statt Kirchgemeinde

Die Hauptperson des Romans sind nicht einzelne Gestalten, sondern eine ganze Gemeinschaft, angesiedelt im bäuerlichen Emmental. Sie nimmt ihren Ausgang in einer ökonomischen Neuerung. Nachdem vorzeiten nur auf den Alpen gekäst wurde, beginnen sich nun auch in den Talschaften Dorfkäsereien anzusiedeln – im milchwirtschaftlichen Museum hier in der Nähe, in Kiesen, kann man sich über die Anfänge kundig machen. Gotthelf ist dieser Neuerung nicht partout abhold, zeichnet aber mit scharfem Blick die aufkommenden Begehrlichkeiten und Missstände, den alten Tanz um einen neues „Goldenes Kalb".

Und so beginnt es: Das Anmahnen von Schulmeister und Pfarrer, ein dringend nötiges Schulhaus zu bauen, wird abgeschmettert. Gotthelf berichtet: *„Das Dorf ... hatte einen großen Tag erlebt. Den Vehfreudigern hatte die Regierung befohlen gehabt, ein Schulhaus zu bauen, und sie hatten soeben beschlossen, keins zu bauen; dessen waren sie stolz ..."* (S.14). Die Argumente waren diese: *„Ringsum hätte man Käsereien, und wer keine habe, werde ausgelacht ... Von großem Nutzen aber seien solche Käsereien, das Geld komme wie durch ein Stiefelrohr herab"* (S.18). Und so kam es: *„Keine Einwendung wurde gemacht, einhellig der Beschluß gefasst, eine Käserei zu errichten, eine Käshütte zu erbauen, und zwar eine rechte"* (S.19). So scharte sich um das eine Käskessi eine neue Art von Gemeinde: die „Käsgemeinde". Sie drängte die sich an Christus bindende „Kirchgemeinde" ins Abseits. Eglihannes bringt es auf den Punkt: *„Es sei hier nicht*

*wie in einer Kirche, wo einer das Recht habe, vorzu-
singen, und jeder dem nachgaaggen müsse. Jeder
könne dem nach, wer das Beste vorbringe, sei er, wer
er wolle"* (S.263). Mit der Einmütigkeit war es dann
allerdings schnell vorbei. Was demokratisch begonnen und dem dörflichen Gemeinwohl dienen sollte,
entpuppt sich als Zankapfel der Egoismen. In dieser
Kessigemeinschaft erwiesen sich Eigennutz und Gewinnsucht als giftiges Käselab, das Menschen- und
Käsleiber gerinnen liess. Die Angst zu kurz zu kommen und die Gier nach noch mehr, sind starke An-
triebskräfte. Jeder misstraut dem andern, panscht
selber mit Wasser und Käsmilch und führte so einen
Teil des Gemeinschaftswerkes „Käse" in den Ruin.
*„So eine Käswägete ist fast wie das jüngste Gericht,
da kommen die Sünden an die Sonne, das sieht mans
an den Käsen, wie die Bauern mit schlechter Milch
betrogen, und haben geglaubt, es merke es niemand
... Am Ende waren dreißig Käse ausgeschaubet"*
(S.275).

Damit nicht genug, auch zwischen Mann und Frau mit
je ihren Zuständigkeiten reisst die Sache Wunden auf.
Der bäuerliche Hausfrieden ist bedroht. Die Frauen,
die vormals das Milchgeld hüteten, hatten kaum
noch Milch für den Hausgebrauch, zum Ankne und
Chüechle, weil die Männern „umsverode" alles dem
Käs- und Geldgötz abliefern wollten.

Die Ökonomie frisst die Theologie, und man ist noch
stolz darauf. Der Bericht von der „Käsebörse" in
Langnau mit ihrem Händeln, Spekulieren und Takti-
eren rund um den Ertrag lässt sich leicht als Vor-
schattierung unserer modernen Börsen und andern

Geldgeschäften lesen. Märit vor Bettag, Käs- und Geldgemeinde vor Kirchgemeinde, so Gotthelf: *„Man sieht, sie hatten eine moderne Richtung und hielten nicht viel auf Buße ... Ungewöhnlich dicke Haut schützte sie vor der Plage der Selbsterkenntnis, und hinter dieser Haut hatten sie ein glücklicheres Selbstbewußtsein als die meisten Päpste [...] und Päpste haben doch bekanntlich das Recht, sich für unfehlbar zu halten. Diesmal nun war der Bättag für die meisten wie gar nicht da, sondern bloß der Langnauer Markt"* (S.217). Die nachfolgende Käsfuhr mit ihrem Einkehren und allerhand Plagieren schliesst mit einem Ben-Hur-Wagenrennen à la Emmental. Auch dieses endet in der Nacht und beinahe tödlich: Änneli wird überfahren. Die Wunden an Leib und Seele eitern noch lange, das Böse wächst sich aus. Gleichwohl schreibt Gott auf krummen Wegen gerade und lässt – gegen den Augenschein – Heilvolles daraus entstehen. Wie kaum in einem anderen Roman sind in der Vehfreude Pfarrer und Kirche an den Rand gestellt, nahezu bedeutungslos. So bekommt man zu hören:

„«Das ists, was mich freut und tröstet bei der heutigen Erkenntnis, daß der Pfaff sieht, daß er nichts zwängen kann, und wie viel er giltet in der Gemeinde, daß man so auf Jesuiten und Pfaffen nüt meh het, nüt meh het, ja nüt meh het!» Auf diese schöne Rede antwortete niemand geradezu. «Wey mr hey, oder hey mr e Schoppe?» hieß es" (S.13). Die Musik spielt anderswo, die Verbindung von Dorfgemeinschaft und Glaubensgemeinschaft ist aufgelöst. In dem Sinn ist die Vehfreude aktuell und vergleichbar mit heute, wo Reste dieser Verbindung auf dem Land

lediglich noch bei Abdankungsgottesdiensten aufleuchten. Ist aber die Stellung des Pfarrers bedeutungslos, dann ist es auch das Gottes Wort und
seine Verkündigung in der Predigt. Das allerdings
ist trostlos und gefährlich zugleich. Gotthelf dazu:
*„Tausende verschlafen die Kirche, wie Tausende den
Himmel!"* (S.474). Und allenthalben wird der Schlaf
in die Kirche verlegt, so überkommt es den Felix,
und aus dem Schlaf heraus ertönt von der Portlaube:
„Änneli, gimm mr es Müntschi!" (S.483). Die Predigt
trifft nicht mehr, das Müntschi-Wort aus der Kirche
bleibt das einzige mit Wirkung – lustig und tragisch
zugleich. Doch wenn die Verkündiger zum
Schweigen gebracht werden, so – sagt Jesus (Lukas
19,40) – *„werden die Steine schreien"*. Es ist die
Predigtnot, die Gotthelf zum Schreiben seiner Romane führte. Diese andere Art hat dann auf ihre
Weise gepredigt in Häusern, Stuben und neuerdings
auf Seebühnen: durchs Lesen, aber noch mehr durch
die Hörspiele und Verfilmungen und jetzt vielleicht
im Musical – wenngleich die Tendenz da ist, dem
Verkündigungsanspruch Gotthelfs neuerlich auszu-
weichen, sich mit schöngeistiger Unterhaltsamkeit
zufrieden zu geben und die Vehfreude zu einer Lie-
besgeschichte zu versimpeln. Gott aber findet seine
Wege: In der „Schwarzen Spinne" ist es der Grossva-
ter, der die Taufpredigt daheim hält, nachdem in der
Kirche bei all dem „Gschtürm" und dem Achten auf
Nebensächlichkeiten das Eigentliche verloren geht –
eine Situation, die jeder Pfarrer kennt. Und hier ist
es der träumende Felix, dessen Müntschi-Wort zur
heilsamen Wendung für die beiden und die Vehfreude insgesamt wird. So sieht man den Lützelflü-

her Pfarrer gleichsam lächeln, wenn sein Pfarrer in der Vehfreude auf die Seite gestellt und allenthalben als Pfaff beschimpft wird. Denn (Sprüche 16,9): *„Des Menschen Herz erdenkt sich seinen Weg; aber der Herr allein lenkt seinen Schritt"*. So schnell wird man Gott nicht los; wo die normalen Kanäle zugemacht werden, predigt und wirkt er unerkannt weiter. Gleichwohl ist nicht zu spassen, wenn die Ohren für Gottes Wort verstopft werden. Wer sich vom Glauben verabschiedet, den holt die Religion – ohne die der Mensch nicht auskommt – auf andere Weise ein. So wird alles zur Ware, zum Handeln: vom Kuhhandel, zum Käshandel, zum Geldhandel. Das Geld ist der neue Götz, der von Gotthelf bis heute noch viel mehr Gläubige gefunden hat. Wo der Gottesgeist schwindet, meldet sich der Zeitgeist, wie Gotthelf schreibt: *„Es ist sehr merkwürdig, wie der Zeitgeist gleich wie ein schneidender Nordwind durch alle Fenster und Fugen, in alle Verhältnisse dringt, wie er nicht bloß die Familienbande bis auf die innigsten löset, sondern auch die Bande zwischen Menschen und Vieh, alles Freundliche, alle Anhänglichkeit frißt und herzlos nur das scheinbar Nützliche gelten lässt"* (S.81). Und schliesslich meldet sich der Glaube zurück in neuer Form als Aberglaube, der im Emmental seit jeher allerlei Blüten treibt. *„Wie aber die Nacht kommt, wenn die Sonne untergeht, so kommt dieser alte abgöttische Aberglaube wieder in dem Maße, als der rechte christliche Glaube an den lieben Vater im Himmel, von dem jede gute Gabe kommt, schwindet"* (S.107).

Der Teufel kommt umso mehr ins Spiel. Und *„wer vom Teufel gedrückt ist, ist ein armer Teufel"* [8]. Das Dürlufteisi will das Nägelibodenbethi „totbeten". Im Namen des Teufels bekommt sie dann aber eine Ohrfeige, wacht z grächtem auf, fällt ins Mistloch. Peterli, ihr Mann, sagt denn auch situationsgerecht: *„Tüfel, wie siehst Du aus!"* (S.128). Schliesslich, wo der Pfarrer nicht mehr predigt, tun es umso mehr andere: *„Die Weiber hielten den Männern Predigten, daß dieselben zu Gott schrien, er möchte sie, nämlich die Predigten, in Bratwürste verwandeln, sie hätten dann Stoff, den ganzen Sommer wohlzuleben"* (S.128).

3. Die Vehfreudiger zwischen Dürluft und Nägeliboden

Es ist so: Die Vehfreude als Dorfgemeinschaft hat die Kirchgemeinde an den Rand gedrängt und sich als Käsgemeinde neu formiert. Gleichwohl ist der Glaube damit nicht erledigt. An den einzelnen Gestalten wird sichtbar, und wie der alte Kampf zwischen „Fleisch" und „Geist", wie die Bibel sagt, ausgefochten wird.

Anhand der gegensätzlich gezeichneten Höfe Dürluft und Nägeliboden und ihrer Bewohner stellt Gotthelf dies dar. Im Dürluft herrscht auch finanziell „Durchzug"; dort wohnt Unvernunft, Narretei und Aberglaube in reicher Fülle. Es regentet mit Eisi eine Frau, unter deren Knute und Tyrannei Peterli sein

---

[8] Ulrich Knellwolf, Gleichnis und allgemeines Priestertum – Zum Verhältnis von Predigtamt und erzählendem Werk bei Jeremias Gotthelf, Zürich 1990, S. 244.

Auskommen hat. Die Dürluft-Leute schildert Gotthelf trefflich. Hören wir hinein: Peterli *„ besaß viel Schulden und wenig Mist, hatte viele Dienstboten, aber nur halbbatzige ... Eisi, seiner Frau kam zu viel in Sinn, was ihrem Manne zu wenig; sie schoß von einer Arbeit zu andern, machte keine fertig, fing siebenmal an, ehe sie einmal fertig wurde"* (S.22). Und auch hier wird gepredigt, und es ist eine Ehepredigt der besonderen Art: *„ Einstweilen predigte Eisi seinem Peterli von Sonnenaufgang bis Sonnenuntergang, er sei der allerleideste unter den Männern, dr dümmst Hung unter der Sonne"* (S.62). Der „Segen", der von solcher Predigt ausgeht, ist leicht ersichtlich: Schuldgefühle, Ärger und Trotz. Wie die Verkleinerungsform „Peterli" anzeigt, wird der Mann zum Hampelmann, der von niemandem recht ernst genommen wird: *„ er belle nicht gehörig und beiße niemanden, selbst in Notfällen nicht. Eisi mochte ihn, das heißt den guten Peterli, hetzen, wie es wollte, weiter als bis zum Knurren brachte es ihn nicht"* (S.335). In der Käsgemeinde kommt die Unvernunft an den Tag, als die Rechnung gemacht wird und herauskommt, dass der Dürluft am Schluss für Milch und Käse nichts bekommt, sondern sogar noch in der Kreide steht; *„ denn nun kams aus, was sein Eisi für eine Schlecke war, wieviel an Anken, Nidle, Ziger es verbraucht, von dem weder Peter noch die Kinder [...] je etwas gesehen"* (S.449). Hinter Eisis groben Sünden verschleiern sich die Vergehen der anderen Vehfreudiger[9].

---

9 P. Cimaz, a.a.O., S. 414.

Das Gegenbild ist der Nägeliboden. Anders als im Dürluft grasiert das „Käsfieber" hier nicht in gleicher Weise; vielmehr gelten noch die alten Tugenden: Bedächtigkeit, Geduld, Beharrlichkeit – und in allem Gottvertrauen.

Sepp hat vom Vater den Hof mit Schulden übernommen; Bethi, seine Frau, war früher Magd im Haus; sie gilt im Dorf nicht viel; ihre Schwester Änneli lebt mit auf dem Hof. Auch der Nägeliboden war an der „Käsgemeinde" beteiligt, aber mit Bedacht.

Der «Nägeliboden», ähnlich der alten Moosmatt bei Waldhaus/Lützelflüh[10]

Trotz Fleiss mussten sie schmal durch. *„Sie hatten mehrere Jahre so ausgehalten, aber sie vermochten es bloß, weil sie einander so treu waren und sich gegen-*

[10] A.G. Roth, a.a.O. , S. 91

seitig so lieb hatten. Ihre Lage kam ihnen oft akkurat vor wie eine Bettlerkutte, welche mürbe ist um und um ... Sepp und Bethi verzagten aber nicht, sie dachten, der alte Gott lebe noch, der mit den Treuen und Fleißigen sei, und einmal werde doch der Tag kommen, wo der Sumpf Boden gewinne" (S.51). Und der Glaube trägt Früchte: Der Segen kommt, Sepp gewinnt Boden und Einfluss, Bethi kann nicht „totgebetet" werden, und der Sonnenschein Änneli gewinnt den angesehensten Burschen im Dorf zum Mann.

Anderer Art ist der Gegensatz zwischen Eglihannes und dem Amtmann: dem vornehmsten und grössten Bauern im Dorf und dessen Sohn Felix. Eglihannes, im Saubrunnen daheim, repräsentiert die aufgeklärte, gebildete, neue Zeit. *„Vom Christentume begriff er so wenig als eine Kabisstorze oder eine Blindschleiche"* (S.76). Weil er aus der Bürokratie kommt und schreiben kann, wird ihm die einflussreiche Rolle des Sekretärs der Käsgemeinde zuerkannt. Dies obwohl er nur ein halber Hiesiger, ein halber Bauer, auch nur ein halber Herr, aber ein ganzer Löl ist. Salbungsvoll reden und die Leute für seine Gaunereien einnehmen, kann er gut. Darin liegt – schreibt Gotthelf – *„eine fürchterliche Züchtigung Gottes, daß Menschen wie der Eglihannes, welche ungescheut alle Gebote Gottes übertreten, ungescheut des Heiligsten spotten, immer noch Leute finden, welche ihnen trauen, welche glauben, diese könnten es mit jemanden ehrlich meinen"* (S.69). So lullt er die Käsgemeinde mit vermeintlich scharfer Logik ein und ködert sie mit den Worten: *„er hätte noch nie gesehen, daß man dreizehn Kronen und fünfzehn Batzen nehme, wenn* *man vierzehn ganze Kronen haben könnte! Das mache achtzig bis hundert Kronen Unterschied am ganzen Mulch"* (S.265).

Und Gotthelf fügt bei: *„Da hatte er den richtigen Punkt getroffen. Viel lösen ist das Allernächste, und viele Augen sehen immer nur das Allernächste [...] Es ist merkwürdig, wie das Viellösen ein Köder ist, an welchem nicht bloß Weiber sich fangen, sondern sonst ganz gescheite Leute [...] Darin liegt nicht bloß Gewinnsucht, sondern Eitelkeit und Ruhmsucht"* (S.266).

Anker hat sich also öfters in der Gegend [*Wasen*] umgesehen. So schreibt er am 11.6.1899, dass er privat und gut bei *Hans Schütz* wohne. Nun weiss man, dass die Stegmatt im 19. Jahrhundert von einer Familie Schütz bewirtschaftet wurde. War er etwa in der Stegmatt untergebracht?[11]

---

[11]   A.G. Roth, a.a.O., S. 73.

Eglihannes gegenüber steht der Ammann, der reichste unter den Bauern des Dorfes. Er wird zum Hüttenmeister gewählt. Die neue Demokratie der Käsereigemeinde bringt seine bis dato unbestrittene Autorität ins Wanken. Fallen tut sie aber nicht. Dies nicht zuletzt aufgrund der Allianz, die sich zwischen seiner Familie und dem Nägeliboden anbahnt. Besonderes Gewicht bekommt dabei der Ammanssohn Felix. Er hat nicht nur Ansehen, sondern auch reichlich Manneskraft – eine Art von emmentalischem Obelix. Das bekommen in einer Vielzahl von Prügeleien seine Gegner zu spüren, besonders sein Intimfeind Eglihannes. Nachdem es beim Wagenrennen zwischen Felix und Eglihannes zur Karambolage gekommen war und Änneli unerkannt darunter geriet, heisst es, dass Felix *„den Eglihannes mit der Geißel gar erbärmlich gerbte und eben mit den Geißelstecken nachzubessern begann, was ihm die Geißel zu wenig verrichtet"* (S.304). Doch Felix als emmentalischer Prügler, der in jedem Western eine gute Falle machen würde, ist nur die eine Seite dieses Menschen. Mehr und mehr setzt sich unter schmerzvoller Einsicht die gute Seite bei ihm durch. So hat er sich immer schon für die Benachteiligten eingesetzt, so auch für Änneli, was ihm deren Herz gewann.

Die Sache ist aber auf der Kippe: Felix ist mitverantwortlich, dass Änneli unter die Wagenräder gekommen ist, will aber Eglihannes allein die Schuld zuschieben. Es braucht viel, bis der stolze junge Mann zum Eingeständnis seines Mitverschuldens bereit ist. Dies aber bereitet den Boden zu einem „happy end" in der so unseligen und geldversessenen Vehfreude.

4. Die Christusbotschaft schafft sich andere Wege

Das helle Licht der Christusbotschaft sieht man im Halbdunkel der Vehfreude kaum aufleuchten. Dass Dorf und Menschen nicht in ihrer selbsterwählten Dunkelheit versinken, das tut Gottes Vorsehung. Er wirkt unerkannt und abseits der Kirche. Am hellsten leuchtet das Christuslicht in der Gestalt von Änneli, dessen Unschuld und Demut ungebrochen ist und bleibt. Man wird erinnert an Jesu Wort (Matthäus 11,29): *„Nehmet auf euch mein Joch und lernt von mir; denn ich bin sanftmütig und von Herzen demütig; so werdet ihr Ruhe finden für eure Seelen".* So sagt Gotthelf im Blick auf Änneli: *„Es gibt aber Herzen, welchen die Liebe ihr Hort und Fels und starker Schirm ist, das sind die Herzen zunächst bei Gott ... wir reden von Herzen, bei denen dieser Trost ein bleibender und starker ist ... Herzen voll Seligkeit"* (S.165).

Ist bei Änneli dieser verborgene Glaubens- und Gottesbezug durchgängig da, so ist es bei Felix die Wandlung, bei der das Gute sich erst durchsetzen muss.

Es macht zudem den Anschein, als werde die Liebesbeziehung zwischen den beiden als Mann und Frau zum Gleichnis für Jesus Christus und seine Gemeinde als Braut, wie sie in der Bibel vorgebildet ist (vgl. u.a. Epheser 5,21–33). Wie der dorfadelige Felix sich das arme Änneli zur Braut wählt und die Standesordnung auf den Kopf stellt, so hat sich Christus die Seinen aus ihrer Bedürftigkeit und Selbstverkrümmung gnädig gewählt. Damit nicht genug: Das Paar wird zum Anlass, dass in der Käsgemeinde zur Vehfreude doch noch Heilvolles aufleuchtet. Dies ist allerdings nur angedeutet, und in dem Sinn endet die Erzählung offen auf ein Neues hin. Gotthelf gibt seiner Erzählung den Titel „Geburt und erstes Lebensjahr der Käserei in der Vehfreude". Eine Neugeburt, in dem Sinn wie Jesus es sagt, zeigt sich am Ende an (Johannes 3,3): *„Es sei denn, dass jemand von neuem geboren werde, so kann er das Reich Gottes nicht sehen".* Mit Gotthelf in Anspielung auf Gottes Geist in der gleichen Rede von Jesus gesprochen: *„Es ist wirklich wunderbar mit diesem Segen Gottes, von ihm kann man nicht sagen: „Siehe, er ist dies oder er ist jenes"; aber sagen kann man von ihm: „Siehe, hier ist er, und siehe, dort ist er!"* (S.398).

Hier ist die Dorfstrasse nach der Kirche *Utzensdorf* zu sehen. Die Situation ist restlos klar, rechts die Druckerei *Singer*, links das in den 1960er Jahren abgerissene Spritzenhaus, nur der Kirchturm ist noch ohne die Erhöhung um ein Stockwerk von 1925 [12].

---

[12]   A.G. Roth, a.a.O., S. 91

5. Gotthelfs Vehfreude heute

Das Veh wird immer noch gemolken, aber nicht mehr
von Hand, und die Käserei heisst heute Nestlé, und
von der hat man Aktien. Die „Schöchli" sind den
Strohballen gewichen, Mähdrescher und Computer
haben Einzug gehalten. Ein hiesiger Bauer meinte,
dass Gotthelf vorbei sei, und wir in einer anderen Zeit
leben. Als Beispiel nennt er Kreditkarten, die es damals nicht gab. Recht hat er: Gewandelt hat sich seit-
her vieles. Zugleich widerlegt er – ohne dass er es
merkt – seine These mit dem eigenen Beispiel der
Kreditkarte: Wenn auch in anderer Form geht es damals wie heute ums Geld. Das „Käsfieber" hat sich bei
aller Erleichterung durch die landwirtschaftlichen
Maschinen später zum „Motorenfieber" gewandelt. Es
führte, wo nicht achtsam damit umgegangen wurde,
auch zu Rivalitäten, Abhängigkeiten und materieller
wie innerlicher Verschuldung. Heute stellen Verpoliti-
sierung und Globalisierungsdruck die verbliebenen
Bauern vor neue Herausforderungen. Weit über den
Bauernstand hinaus hat Ökonomisierung in Verbindung mit Glaubensleere (mit zwei „e") unsere Gesellschaft, die sich längst von der Agrar- zur Dienstleis-
tungsgesellschaft gewandelt hat, insgesamt erfasst.
Die Kirche steht als Gebäude zwar noch mitten im
Dorf, aber längst nicht mehr mitten in der real gelebten Dorfgemeinschaft. Ihre Randständigkeit ist weiter
vorangeschritten, und ein Ende dieser Entwicklung
ist nicht auszumachen. Geht es ums Geld, wird alle-
mal offenbar, ob Glaube mehr ist als ein Lippenbe-
kenntnis. Die eigene Börse und das Böse stehen dabei oft in enger Gemeinschaft. Mit der Ausschaltung
oder Abmilderung des Gotteswortes ist das selbst

gewählte Gericht über uns mitten in allem Fortschritt weiter fortgeschritten. Aber noch predigt uns Gotthelf mit seiner Vehfreude: Auch wenn es *„dunkelt unter dem Himmel"* (S.11), bleibt Gott auf dem Plan. Er bleibt in Jesus Christus uns gnädig zugewandt, wirkt und wandelt oft unerkannt, um da und dort und dann und wann uns umso kräftiger zu Einsicht und Umkehr zu rufen – und sei es sogar durch ein Wort wie: *„Änneli, gimm mr es Müntschi!"* (S.483).

Amen.

Jürg Meier (Hrsg.)

Qualität

Désirée Auderset und Lydia Braun

Qualität - Die Theorie

Oberstes Gebot für den Erfolg eines Unternehmens ist ein an die Kundenbedürfnisse angepasstes Angebot. Anhand des individuell verschiedenen Anspruchsniveaus beurteilen Kunden die Qualität von Produkten und Dienstleistungen. Die Unternehmen können ihre Zielkundschaft bestimmen, indem sie *die* Qualität wählen, die den Erwartungen der Zielgruppe entspricht. Deshalb lässt sich Qualität am einfachsten wie folgt definieren:

Qualität ist die permanente Erfüllung aller vereinbarten und vorgegebenen Anforderungen

Qualität hat vier Seiten, welche von den Kunden – oft unbewusst – unterschiedlich gewichtet werden können:

1) Gebrauchstauglichkeit: Je länger ein Produkt funktionsfähig bzw. gebrauchstauglich ist, desto höher wird seine Qualität durch den Kunden eingestuft.

2) Fehlerlosigkeit: An die Herstellung von Produkten sind immer gewisse Anforderungen und Spezifikationen geknüpft. Der Ist-Zustand des Endproduktes soll von diesen Soll-Vorgaben nicht abweichen. Sind „Nichtkonformitäten" („Nichtübereinstimmungen") vorhanden, treten diese meist in der Endkontrolle zutage. Solche Abweichungen müssen korrigiert werden.

3) Mängelfreiheit: Im Gegensatz zu den Fehlern werden Mängel als Unvollkommenheiten definiert, die ausserhalb von Spezifikationen auftreten können. Wenn beispielsweise ein Computerspiel gekauft wird, das auf dem PC zu Hause nicht läuft, muss dies keineswegs ein Programmfehler sein. Möglicherweise reicht zum Funktionieren einfach die Speicherkapazität des PC nicht aus. In diesem Fall wäre von einem Mangel zu sprechen.

4) *Subjektive Wahrnehmung:* Letztlich entscheidet die subjektive Wahrnehmung des Kunden – sein „Bauchgefühl" – über die Frage der Qualität. Diese Subjektivität wird einerseits durch das persönliche Wertesystem und andererseits durch die Umgebung (Medien, Trendsetter, Meinungsbildner, Kultur, Mentalität usw.) gesteuert. Je besser ein Unternehmen die Wahrnehmung des Kunden „erspürt", desto erfolgreicher wird es sein.

Kunden nehmen Produkte und Dienstleistungen unterschiedlich wahr. Garantierte früher die *Produktqualität* den Erfolg, ist sie jetzt oft nur noch Voraussetzung, um ein Produkt überhaupt auf den Markt bringen zu können. Der Kunde legt heute zusätzlich viel Wert auf die *Servicequalität*, also den Zusatznutzen und die Zuverlässigkeit der Funktion über die Zeit. Im Gegensatz zur Produktqualität kann die *Dienstleistungsqualität* erst beurteilt werden, nachdem eine Dienstleistung erbracht wurde.

Die Qualität, die der Kunde wahrnimmt, ist immer auch das Ergebnis der Qualität der Prozesse (Arbeitsabläufe), die zum Produkt oder der Dienstleistung geführt haben. Die *Prozessqualität* wiederum ist eine Folge der gesamten *Unternehmens*qualität. Beeinflusst wird die Beurteilung schliesslich vom Qualitätsempfinden der Gesellschaft, das durchaus zeitgeistlichen Strömungen unterliegt. So finden beispielsweise viele Zeitgenossen die Lektüre von Gotthelf-Büchern schwierig und verzichten darauf, weil sein mit vielen Mundartpassagen gespicktes Deutsch ihnen fremd, altertümlich und schwer verständlich daherkommt.

Finden Menschen etwas „gut", so setzen sie dies mit Qualität gleich. Diese Bewertungsmethode ist jedoch fragwürdig, weil „gut" stets ein subjektives Urteil darstellt. Qualität ist dann gegeben, wenn das Anspruchsniveau, das ein Kunde an ein Produkt oder eine Dienstleistung stellt, erfüllt wird.

Früher sah man als Kunde nur den bezahlenden Endverbraucher. Diese enge Sicht wurde mittlerweile durch weitere Anspruchsgruppen erweitert. Das können Konkurrenten, Lieferanten, Kapitalgeber, Mitarbeiter, der Staat und die Öffentlichkeit sein. Nur die Berücksichtigung aller Gruppen bringt einem Unternehmen langfristig Erfolg, wobei die zahlende Zielkundschaft trotzdem von zentraler Bedeutung ist. „Wer zahlt, befiehlt" – auch und gerade über den Erfolg eines Unternehmens. Diesem ganzheitlichen Stakeholder-Ansatz steht der eindimensionale Ansatz des Shareholder-Value entgegen, bei dem den Interessen der Kapitalgeber alle übrigen Ansprüche untergeordnet sind.

Ein weiterer, vergleichsweise moderner Ansatz ist das Verständnis von internen Kunden-Lieferantenbeziehungen. Ein Mitarbeiter, welcher etwas produziert und an den Mitarbeiter des nächsten Arbeitsschrittes liefert, ist ein interner Lieferant, während der Mitarbeiter, der das (Zwischen-) Produkt erhält, als interner Kunde bezeichnet wird. Viele innerbetriebliche Schwierigkeiten im zwischenmenschlichen Bereich träten nicht in Erscheinung, wenn die Mitarbeitenden diese einfache Gesetzmässigkeit verinnerlicht hätten.

Wird Qualität als oberstes Unternehmensziel gelebt, schenkt man dem Spannungsdreieck der drei Wettbewerbsfaktoren Qualität, Geld und Zeit Beachtung. Qualität, Geld und Zeit haben für den Kunden und das Unternehmen jeweils unterschiedlichen Sinngehalt:

Faktor	Kundensicht	Unternehmenssicht
Qualität	**= Nutzen**	**= Fehler- und Mängelfreiheit**
Geld	**= Preis**	**= Kosten/Gewinn**
Zeit	**= Verfügbarkeit**	**= Lieferbereitschaft**

Verinnerlicht man die Zusammenhänge zwischen Qualität, Geld und Zeit, dann lässt sich eine Qualitätsverbesserung durchaus mit sinkenden Kosten und verkürzten Zeiten erreichen. Unternehmen haben ausserdem die Möglichkeit, sich auf einen dieser drei Erfolgsfaktoren zu konzentrieren, wobei die anderen Faktoren bei der Zielerreichung nicht aus den Augen verloren werden dürfen.

Querab vom Hünigershus steht unten an der Strasse ein altes Haus mit einem Hälbligspeicher von etwa 1700. Auf einem alten Kartenblatt fand sich die Bezeichnung „Rosini", und das erläuterte endlich das Wort „Rosini" in einem Verzeichnis Ankers für Zahn. Hier also hat Anker auch gezeichnet...[13]

---

[13] A.G. Roth, a.a.O., S. 76.

Qualität in der Vehfreude

Richtet ein Unternehmen sein Angebot an den Kundenwünschen aus, muss die Qualität oberstes Unternehmensziel sein. Die Kundenerwartungen und Anforderungen bezüglich des Produktes – im vorliegenden Fall Käse – sollen also permanent erfüllt werden.

Die Einwohner der Emmentaler „Vehfreude" beschliessen, ein solches Unternehmen zu gründen. Die Gründung erfolgt unter merkwürdigen Umständen: *„Den Vehfreudigern hatte die Regierung befohlen gehabt, ein Schul-Haus zu bauen"* (S.14). Um der Obrigkeit zu zeigen, wer in der Vehfreude das Sagen hat, entscheiden sie sich dagegen: es *„hülfe eine Käserei zu errichten und eine baue"* (S.18), bestimmt die Gemeindeversammlung. Dabei denkt niemand ernsthaft darüber nach, was das für sie bedeutet. *„Von grossem Nutzen aber seien solche Käsereien, da Geld komme wie durch ein Stiefelrohr herab"* (S.19), ist die naive Meinung. Es gibt keinen Plan, wie diese Käserei finanziert werden sollte, welche Konsequenzen dies für die einzelnen Personen haben könnte, und wie man einen Käse von guter Qualität produzieren kann. Man ist sich nur sicher, dass man es irgendwie schaffen könne. Schliesslich haben andere Dörfer es ja auch irgendwie geschafft...

Die Frage nach den verschiedenen Anspruchsgruppen

(Stakeholder) und deren Anforderungen bzw. Erwartungen stellt sich den Vehfreudigern nicht. Ohne Planung wird eine Käsehütte gebaut. Einzig die Frage nach dem „Input" – der Milch – wird näher betrachtet: *„Milch hätten sie sicherlich mehr als genug"* (S.19). Über die Qualität des Käses macht man sich keine Gedanken. Die Vehfreudiger wissen nicht einmal, dass ein guter Käse Milch von gleichbleibender Qualität voraussetzt und das richtige Futter hierauf einen Einfluss hat.

Erste Qualitätsüberlegungen kommen erst ins Spiel, als es darum geht, die Milch von den Bauern zu bekommen. Um einen bestimmten Qualitätsstandard zu erreichen, braucht es *„greisete Kühe"* (S.59), denn diese geben *„zur gelegenen Zeit die meiste Milch"*. Ausserdem ist man der Meinung, *„je mehr eine Kuh auf der Straße sei, desto schlechter stehe es bei ihr mit der Milch"*. Von der Einsicht zur Umsetzung ist jedoch oft ein langer Weg, und manche – wie unsere Vehfreudiger – kommen nicht über die Einsicht hinaus.

Für die Herstellung eines guten Käses benötigt man ein geeignetes Gefäss, welches Bränte genannt wird. *„Soll der Käs zart und schleißig werden, Zentner Käs aus weniger als drei Säumen oder zwölf Zentner Milch hervorgehen, so darf der Wärmegrad kaum zweiundvierzig Grad Reaumur erreichen"* (S.116). Soweit haben sie gedacht, wobei der eingestellte Senn dafür sorgen muss, dass die Temperatur für die Zubereitung des Käses stimmt.

Ein ganzseitiges Bild in der Vehfreude bereitete uns grosse Mühe, nämlich die Szene, wie die *«Hüttler»* die Milch in die neue *«sogenannte Käshütte»* tragen oder führen. Nach den Gründungsakten der *Dorfkäserei
Wasen* kaufte diese eine Parzelle in der Ecke zum Weg nach der Helferei
(heute Pfarrhaus). Das Gebäude steht nicht mehr. Es wurde 1911 abgerissen und die Käserei unten am Dorfplatz neu und grösser errichtet.
Ankers Bild entspricht der topographischen Situation am heutigen Weg.
Wir wollen annehmen, Anker habe einen *historischen* Zustand auf *Gmün-
den/Wasen* festgehalten[14].

---

[14]   A.G. Roth, a.a.O., S. 62.

So sieht man im Produktionsprozess erste, kleine Ansätze dafür, dass die Vehfreudiger wenigstens teilweise an die Qualität gedacht haben. Deshalb sei *„grosse Reinlichkeit notwendig [...] Ist ein Kälbermagen im Geringsten ungesund, so scheidet er nicht [...] daher das Probieren und im Vorrat haben von mehreren Portionen"* (S.117) sehr wichtig. Um die Qualität zu verbessern, kalben die Kühe nun im Grünen. Doch die vom Senn angeregten Verbesserungen kommen nicht eigentlich zum Tragen, denn die Gesellschafter, wie sich die Bauern selbst nennen, sind grosszügig im Hinblick auf die qualitative Zusammensetzung der Milch. Man *„tauschte Käsmilch an rechte Milch [und] am nächsten Brunnen füllte [man] zu"* (S.137). Solche Aktionen und mangelnder Informationsaustausch führen dazu, dass die internen Kunden-/Lieferantenbeziehungen nicht spielen. An fehlerfreie Arbeitsabläufe ist nicht zu denken, eine gleichbleibende Qualität des Produktes deshalb undenkbar. Erschwerend auf die Qualitätsbemühungen wirkt sich aus, dass sich die Anteilseigner gegenseitig misstrauen.

Zumindest der Ansatz einer Qualitätskontrolle scheint gelungen. Dem Senn sind die Mängel am Käse aufgefallen. Er ist der Meinung *„es sollte [...] darum zu tun sein, die Sache zu untersuchen. Vielleicht sei etwas daran, vielleicht auch nicht, man könne es nicht wissen, d'Sach könne an manchen Orte fehlen"* (S.139). Die Untersuchung bringt an den Tag, dass eine Bränte, die schlecht gelötet war, daran schuld sei (vgl. S.149). Auch wenn das nicht der einzige Grund für die schlechte Qualität ist, so hat man doch einen Fehler im Soll-Ist-Vergleich entdeckt. Es ist jedoch das *„höchste Interesse, den schlechten*

Zustand ihrer Käse geheimzuhalten" (S.198). So wie wir die Qualität formuliert haben, soll man die Anforderungen der Kunden kennen. Die Bewohner von der Vehfreude hat dies jedoch wenig interessiert. Man kennt die Erwartungen der Konsumenten nicht. Die Händler, denen der Käse angeboten wird, mögen den Käse nicht und deshalb kaufen sie ihn auch nicht. Sie möchten die Käse *„weder teuer noch wohlfeil"* (S.220), ausserdem ist ihr *„Mulch[15] nicht das schlechteste [...] aber sehr gewöhnliches Mittelgut"* (S.221).

Nachdem es viele Ausschüsse gab, hat man beschlossen, halbfetten Käse zu verteilen. Sie seien *„recht gut; wer nicht bei ganz guten verwöhnt ist, würde sie vortrefflich finden"* (S.330). Allein, die meisten Kunden sind verwöhnt und erwarten nur das Beste.

Die Qualitätsvorstellungen der Vehfreudiger sind vage, falsch und „Verkäufer-orientiert". Wer meint, mit einer Käserei einfach deshalb grossen Erfolg zu haben, weil es andere auch zustande gebracht haben, muss scheitern. Wo aber die Frage nach den Kundenwünschen nicht gestellt wird, ist Erfolg, wenn überhaupt, einzig ein Produkt des Zufalls.

„Trotz dem fatalen Käshandel war ihnen die Käserei von bedeutendem Nutzen gewesen, hatte den Hausfrieden nicht gestört, die Hauswirtschaft nicht verhunzt" (S.467). Diese Aussage ist hochmodern. Sie widerspiegelt das zeitlose Verhalten gescheiterter Unternehmer, auch noch den Misserfolg schönzureden.

---

[15] Der Ausdruck «Mulch» bezeichnet die Gesamtheit der in einem Jahr produzierten Käse.

Qualitätsmanagement

Stefan Burkhardt, Fabian Oser und Urs Pozivil

Qualitätsmanagement – Die Theorie

Unter dem Begriff „Management" verstehen wir alle Aufgaben, die sich mit der Gestaltung, Lenkung und Weiterentwicklung des Unternehmens beschäftigen. Weil die Führungskräfte die (Qualitäts-)Kultur im Unternehmen prägen und entscheidend gestalten, geben sie durch ihr Verhalten vor, inwiefern Qualitätsmanagement im Unternehmen überhaupt möglich ist. Das, was Menschen sehen, beeinflusst ihr Verhalten viel stärker als das, was man ihnen sagt. Dies gilt ganz besonders, wenn sich das, was man sieht von dem, was man hört, unterscheidet.
Qualitätsmanagement ist also eine Führungsverantwortung, die nur glaubwürdig wahrgenommen wird, wenn jede Führungskraft als Vorbild wirkt und bei der Umsetzung aller qualitätsbezogenen Tätigkeiten aktiv Hand anlegt.

Qualitätsmanagement ist auch die organisatorische Seite der Führung. Dabei ist zu berücksichtigen, dass Strategie („Die richtigen Dinge tun") und Tagesgeschäft („Die Dinge richtig tun") über ein (Qualitäts-) Managementsystem abgebildet werden sollen (Siehe Bild nächste Seite).

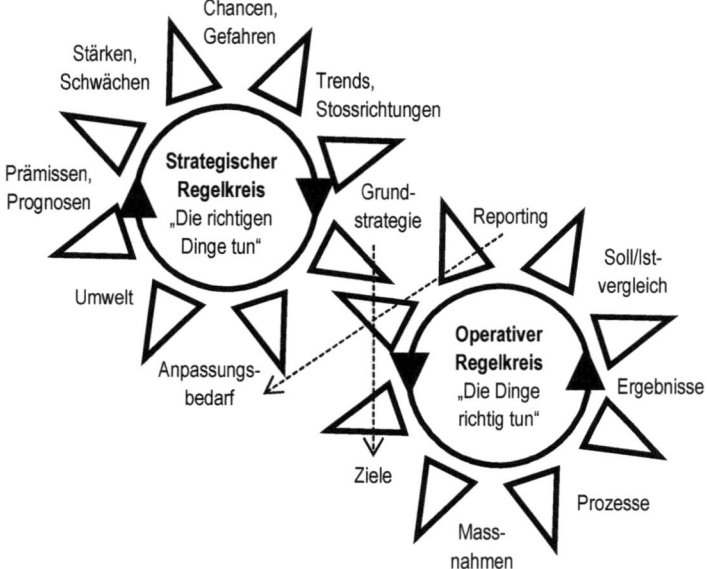

(Qualitäts-) Managementsystem

Die grundlegende Aktionskette des Qualitätsmanagements finden wir im von William E. Deming (1900-1993) entwickelten Deming- oder PDCA-Kreis. Dabei bedeuten **P** Plan/Planen, **D** Do/Durchführen, **C** Check/Checken und **A** Act/Anpassen.

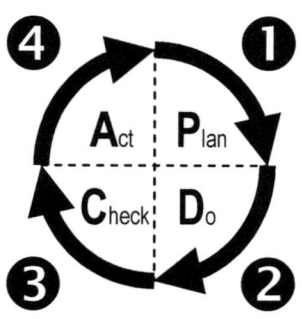

Gemäss dem PDCA-Konzept wird auch das Qualitätsmanagement in den Regelkreis Qualitätsplanung (Plan), Qualitätslenkung (Do), Qualitätssicherung (Check) und Kontinuierliche Verbesserung (Act) überführt.

Wesentlich für ein brauchbares Qualitätsmanagement ist die Schriftlichkeit. Nur schriftliche Festlegungen geben Sicherheit. Gerade in Konflikten bilden schriftlich festgelegte Prozessbeschreibungen, Richtlinien und Anweisungen meist die einzige Möglichkeit, Tathergänge offen zu legen. So wird die Qualitätsdokumentation zum Standard, der die vereinbarten und vorgegebenen Anforderungen festschreibt und als Grundlage für alle Tätigkeiten im Unternehmen und anzustrebende Verbesserungsmassnahmen dient:

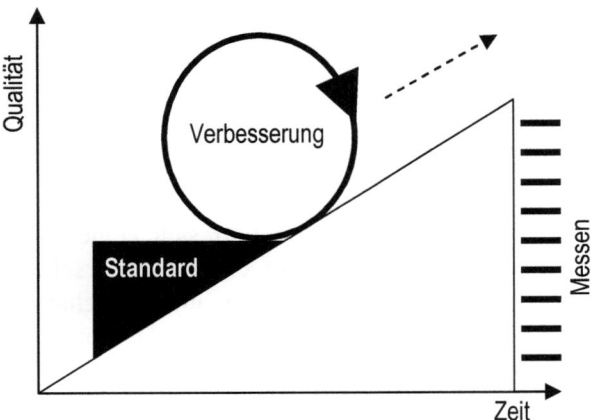

In einem Unternehmen sind alle Aktivitäten qualitätsrelevant. Heute können Qualitätsmanagementsysteme nach der internationalen Norm ISO 9001 zertifiziert werden. Mit diesem Zertifikat wird bestätigt, dass ein Unternehmen die Mindestanforderungen erfüllt, die an eine brauchbare Organisation gestellt werden. Die Tatsache, dass kein Unternehmen in der Lage ist, eine solche Zertifizierung ohne einigen Aufwand zu erreichen zeigt, dass erfolgreiches Qualitätsmanagement auch heute noch keine Selbstverständlichkeit ist.

Qualitätsmanagement in der Vehfreude

Den Männern in der Vehfreude fehlt eine klare, langfristige Strategie. Statt den Kindern eine gute, zukunftsorientierte Ausbildung zu ermöglichen, beschliesst man den kurzfristigen, monetären Vorlieben der älteren Generation nachzugeben. Dieses Vorgehen beruht hauptsächlich auf den Zielen von Peterli und seiner Frau Eisi, welche den Schulmeister hasst. Obwohl niemand eine Ahnung von Käseherstellung hat, befürwortet die Gemeinde mit grosser Mehrheit den Bau einer Käserei. Sie orientiert sich keineswegs an ihren Stärken, sondern geht einer Modeerscheinung nach. Wettbewerbsfähigkeit ist im wirtschaftlichen Umfeld aber nur dann gegeben, wenn der Unternehmer dort aktiv ist, wo auch seine Stärken liegen.

Eisi hat vom „Wirtschaften" keine Ahnung, das zeigt ihr verschwenderischer Umgang mit Geld: *„Peterli durfte ihr das Geld nicht bloss nicht einschliessen (von aufschreiben war begreiflich keine Rede), sondern sie nahm Geld, gab es aus ohne Verstand, nur um zu zeigen, dass sie über Geld könne, wann und wie sie wolle"* (S.22). Als es darum geht, die Rechte und Pflichten innerhalb der Käserei festzulegen, beschliesst man, die Rechte proportional zu den Kühen zu vergeben, welche man in die Käseproduktion einbringt: *„Die sämtlichen Anteilhaber von denen jeder so viel Rechte hatte an der Käserei als Kühe, von denen er die Milch versprach, bildeten die Käsgemeinden, eine ganz eigentümliche Art von Gemeinden, deren in keinem Gesetzbuche gedacht ist"* (S.43). Dies ist ein schwerwiegender strategischer Fehler, da mit dem Konzept „je mehr Kühe, desto mehr Geld/Rechte verdiene ich" ein falscher Anreiz gesetzt wird. Ausserdem besteht die Gefahr, dass die Nachfrage nach Käse nicht beachtet wird und eine Überproduktion entsteht.

Nachdem die Statuten bereinigt sind, stehen die Wahlen an. Der Ansatz, wonach jeder die Aufgabe übernehmen soll, für die er am besten geeignet ist, ist gleichermassen richtig wie modern. Nüchterne Sachlichkeit und unrealistische Vorstellungen lassen sich jedoch nur selten unter einen Hut bringen. Die Vehfreudiger verhalten sich erstaunlich emotional: *„An der Hütte sollte nichts gespart, sondern gezeigt werden, dass man auf der Vehfreude sich nicht an tausend Gulden mehr oder weniger kehre, wenn die Sache was abtrage und nicht bloss so ein Gestürm sei für nichts und wieder nichts, als um etwas zu Zwängen, zum Beispiel einen Schulhausbau"* (S.46). Das Streben nach Statussymbolen – kurz: Wichtigtuerei! – ist heute verbreiteter denn je. Jeder will sich durch Superlativen vom Rest der Gesellschaft abheben. Die Vehfreudiger hätten zu Gunsten einer strategischen Planung besser auf solche Wichtigtuereien verzichtet.

Bei der Wahl des Betriebsstandortes spielt der Neidfaktor die entscheidende Rolle. Der Nägeliboden wurde deshalb nicht gewählt, weil deren Besitzer Sepp und Bethi ihren Schuldenabbau durch Fleiss, harte Arbeit, gute Planung und diszipliniertes, zielorientiertes Verhalten vorantreiben. Das macht sie im Dorf nicht gerade beliebt. Vor allem die Frauen – als „graue Eminenzen" schon damals eine nicht zu unterschätzende Grösse – lassen sich Bethi von ihren Männern nur ungern als Vorbild unter die Nase reiben: *„das mehrte begreiflich die Zuneigung der Vehfreudigerinnen zu Bethi nicht, als die Männer ihnen vorhielten wie verständig Bethi sich benommen, und wie mit der doch noch ein vernünftiges Wort zu reden sei* (S.56). Der Bauch regiert – damals wie heute – mehrheitlich den Kopf. Statt die Käserei an den betriebswirtschaftlich sinnvollen Ort zu bauen, errichtet man sie nach Mehrheitsentscheid am Ort gesellschaftspolitischer Machbarkeit.

Die Beschäftigung mit Aufwand und Ertrag, mit Kosten und Nutzen, bilden die Basis für jedes erfolgreiche Unternehmen. Für die Vehfreudiger war dies, wie für viele „Jungunternehmer" unserer Tage, kein Thema („Doku-Soaps" von Auswanderern, die ihr Glück als Unternehmer im Ausland versuchen, lassen grüssen).

Grundsätzlich gilt beim Erwerb der Kühe, dass greisete Kühe mehr Milch geben, aber teurer sind: *„ Wer also ungreisete Kühe hat und greisete will, muss kaufen oder tauschen und schweres Geld zusetzen, per Stück drei Komma vier und mehr Louisdor, wenn er sie von gleicher Schwere will; denn zur Zeit wo man eben die Kühe zu reisen pflegt, sind im Verhältnis die ungreiseten viel zu wohlfeil, die greiseten viel zu teuer. "* (S.60). Hier ist ein klarer Trade-off ersichtlich, bei welchem man sinnvoll abwägen sollte, ob sich die teureren Kühe wirklich lohnen. Da sich der Gewinn „einer" Kuh lediglich über den Überschuss an verkaufter Milch (resp. Käse) im Verhältnis zu den Kosten (Heu, usw.), die sie verursacht bemisst, wird die täglich Menge Milch zum einzigen Qualitätsmerkmal. Gibt eine Kuh zu wenig oder keine Milch, sinkt ihr Wert. Beim Handel mit Kühen war immer sehr grosse Vorsicht geboten, da man leicht übers Ohr gehauen werden kann. Das Problem des „Kuhhandels" liegt darin, dass zwischen dem Verkäufer und dem Käufer asymmetrische Informationen vorhanden sind. Der Verkäufer weiss besser über sein Produkt und dessen Schwächen Bescheid als der Käufer. Der Käufer muss dem Verkäufer mehr oder weniger blind vertrauen. Diese Problematik nennen wir heute den „Moral Hazard". Das Risiko kann nur dadurch bewältigt werden, dass der Verkäufer dem Käufer ein Rückgaberecht einräumt, falls die Kuh weniger Milch gibt als ausgelobt.

Da Eisi und Peterli für den Kauf von Kühen kein Geld besitzen, besteht ihre einzige Chance in der Aufnahme eines Kredites. Das Problem der Verschuldung ist zeitlos. Vor der Finanzkrise im Jahr 2008 etwa konnte jeder beliebige Bürger der USA, unabhängig davon, ob er sich dies leisten konnte, einen Hypothekarkredit aufnehmen und sich damit ein Haus anschaffen. Auch die Europakrise 2011 nahm ihren Anfang mit der Vergabe von zu günstigen Krediten an Schuldnerstaaten, deren Bonität nie sichergestellt war, aus Gründen politischer Opportunität jedoch ausgelobt wurde.

Das Problem der Verschuldung ist all gegenwärtig und trifft in der Vehfreude um ein Haar auch Peterli und Eisi. Glücklicherweise erbt Peterli offene Gewinne von Wetten seines Vaters. Dank diesen kann er in einem ersten Schritt eine Verschuldung umgehen. Nun kann eine Verschuldung durchaus sinnvoll sein, wenn man sie sich leisten kann und ein klares Konzept zur Schuldentilgung besitzt. Mangels Ausbildung konnte Peterli nicht einmal den Text lesen: *„Peterli war wirklich in Verlegenheit; er hatte einen Brief in der Hand, konnte ihn aber nicht lesen, wusste noch weniger, was er mit demselben anfangen solle, um das Geld zu bekommen"* (S.66) und verkaufte den Schein viel zu günstig weiter. Peterli ist ein gutes Beispiel dafür, dass Bildung das Fundament für vernünftiges Handeln ist. Umso wichtiger wäre für die Vehfreudiger der Bau einer Schule gewesen. Es sind oft die Ungebildeten – manchmal auch die Eingebildeten – die über den Tisch gezogen werden: *„Deretwegen und weil du es bist, will ich dir den Wisch abkaufen. Gibt es was, so gibt es was, gibt es nichts, so gibt es nichts, es ist ein Spiel wie ein anderes; ich gebe dir 100 Gulden [statt 300 Gulden], morgen kannst sie haben"* (S.68).

In der Vehfreude verschulden sich viele Bewohner, trotz mangelnder Kreditwürdigkeit. Einzig Sepp und Bethi haben eine fokussierte Strategie: sie wollen sich nicht verschulden. Ihrem Plan folgend bringen sie nur die Milch in die Käserei, die sie nicht für andere Zwecke benötigen. Ausserdem legen sie ihr Augenmerk nicht nur auf den Käse, sondern kommen stets allen Dingen des «Bauerns» nach, um sich optimal gegen verschiedene Risiken abzusichern. Sie zeigen bereits damals auf, dass der Monotonie-Gedanke (Fokussierung auf ein Produkt / Marktsegment) veraltet ist. Ein modernes Unternehmen versucht sich stets weiterzuentwickeln und die Produktpalette zu erweitern oder in neue Märkte / Marktsegmente vorzudringen.

Endlich kommt der grosse Tag der Inbetriebnahme. Die Käserei erscheint – wie vereinbart – protzig und hat alles, was man sich wünscht. Eigentlich ist alles gut vorbereitet und organisiert. Es gibt Vorsichtsmassnahmen und Reglemente, an welche sich die Dorfbewohner zu halten haben. Alle Reglemente und Vorsichtsmassnahmen sind jedoch nur so viel wert, wie sie von den beteiligten Menschen eingehalten und umgesetzt werden. Der eingestellte Senn wacht über die ‚Hütte' wie ein Priester. Er ist allwissend bezüglich der Käserei und die Leute haben Respekt vor ihm. Er scheint gut organisiert zu sein, da er alles in sein Milchbuch einträgt: *„Mit grosser Grandezza nahm der Senn die Milch ab, wog sie, zeichnet das Ergebnis auf eine grosse schwarze Tafel, um es dann in das eigentliche Milchbuch mit ordentlicher Tinte überzutragen, wo jedem der Anteilhaber seine besondere Rechnung eröffnet war. Mit offenen Mäulern sah Jung und Alt dem geheimnisvollem Treiben zu"* (S.99).

Weil Bethi infolge ihres „Nicht-Verschuldungs-Konzepts" mit Sepp nur wenig Milch in die Käserei bringt, schämt sie sich. Es herrscht ein grosser Wettstreit unter den Vehfreudigern, wer von allen der beste sei. Nun sind Wettbewerbsanreize ja grundsätzlich positiv zu bewerten. Allerdings wird durch dieses Maximierungsprinzip zu viel Milch in die Käserei gebracht und es entstehen unwirtschaftliche Über-schussmengen. Zudem besteht für die Dorfbewohner die Gefahr der Verschuldung, da die Nachfrage be-schränkt ist und die erzielten Erträge bei zu tiefen Preisen unter Umständen nicht kostendeckend sind.

Der Senn hat sein Werk gut im Griff. Ein besonde-res Augenmerk legte er auf die Reinlichkeit. Dieser Ansatz wird heute in der Lebensmittelindustrie durch das „Hazard Analysis and Critical Control Point"-Konzept (HACCP) behördlich gefordert. So wurde der Käse sehr gut. Darüber freuen sich die Dorfbewohner. Fälschlicherweise setzten sie aber ‚guten Käse' mit ‚viel Geld' gleich: *„d'Sach sei gewonnen, hiess es, ein schönere Mulch als das ihre werde im Herbst kaum zu finden sein, es müsste den Teufel tun, wenn sie nicht dreissig Gulden aus dem Zentner lösten"* (S.117).

Der Grössenwahn wird zur Triebfeder der Dorfbe-wohner. Aus Gewinnstreben will jeder am meisten Milch bei der Käserei abliefern. Man spart dafür vor allem im Haushalt, da dies nach aussen nicht auffällt. So kommt es, dass trotz eines Stalls voller Kühe die Milch im Hause fehlt.

Um den Senn zu täuschen, verdünnen die Vehfreudi-ger die Milch oft mit Wasser, oder sie verwenden auch die Milch *„von schlechten Eutern"*, also unge-sunden Kühen (S.60). Diese Selbsttäuschung führt natürlich zwingend zu einer Abnahme der Käsequali-tät, was sich wiederum negativ auf den persönlichen Ertrag auswirken musste.

Der Senn jedoch bemerkt die Betrugsversuche meist: *„Er stellte unvermerkt in Gläsern Milch bei*

*Seite aus den Brennten, welche ihm verdächtig vorka-
men, und suchte Boden und immer eifriger, weil ihm
das Käsen immer weniger geriet"* (S.137).

Trotz solcher Qualitätskontrolle gelingt es dem Senn
nicht, alles zu entdecken und es wird immer schwieriger, aus dieser schlechten Milch guten Käse zu produzieren. So muss eine Untersuchungskommission eingesetzt werden, um die Lieferanten schlechter Milch
zu überführen.

Die Dorfbewohner haben verstanden, dass solche
Instanzen nur dann erfolgreich sind, wenn sie ihre
Kontrollfunktion extern und unabhängig durchführen
können. So wählen sie eine neutrale, überparteiliche
Kommission, die sowohl die Bauern als auch den
Senn kontrollieren soll. Diese führt geheime Kontrollen durch. Da sich jedoch die Dorfbewohnerinnen
gerne austauschen, ist die Geheimhaltung nicht gegeben und aussagekräftige Ergebnisse kommen nicht
zustande – alle Bauern produzieren nur gute Milch.
Wo die Vertraulichkeit fehlt ist erfolgreiches Wirtschaften gefährdet.

Die Kommission kontrolliert den Nägeliboden immer besonders früh, kann aber keine Mängel feststellen. Peterli und Bethi liefern den Beweis, dass ein
durchdachter Businessplan zum Erfolg führen muss.

Obwohl die Kommission die „Bösen" nicht finden
kann, haben ihre Kontrollen dennoch einen positiven
Effekt: will er bei den Kontrollen nicht negativ auffal-
len, muss jeder Bauer wieder gute Milch abliefern.

Der heisse, trockene Sommer wirkt sich negativ auf
die Qualität des Grases aus. Dieses wiederum hat ei-

nen schlechten Einfluss auf die Qualität der Milch. Externe klimatische Einflüsse sollten in jeder Strategie berücksichtigt werden und das daraus resultierende Risiko einkalkuliert sein. Ein Worst-Case-Szenario kann die Grenzen der Produktion aufzeigen. Produktionsentscheidungen beinhalten oft eine gewisse Unsicherheit. Es muss deshalb zwingend abgewogen werden, welche Risiken eingegangen werden dürfen.

Die Vehfreudiger machen den Fehler, dass sie das Gras immer zu spät mähen. Jeder will „mehr scheinen als sein", will den anderen Dorfbewohner das Bild vermitteln, es „nicht nötig zu haben", weil man genug Heu hat. Allerdings sinkt die Qualität von zu spät gemähtem Gras, was wiederum die Milchqualität beeinflusst. Auch wächst das neue, junge Gras in diesem Fall sehr langsam. Das führt zu einem Heumangel. Die unnötige, qualitätsmindernde Angeberei setzt einen Teufelskreislauf in Gang, aus welchem man fast nicht mehr heraus kommt. Ursache ist hier ein fehlendes Verständnis wegen mangelnder Bildung: *„So viel Bildung hatte er nicht, zu begreifen, dass Kühe erst wegem Hunger fressen, ermagerte Kühe an Milch gar nicht denken"* (S.186).

Der Senn hat den Auftrag, Käse mit Fehlern so zu präsentieren, dass man die Mängel nicht sieht. Diese Strategie wirft zwar kurzfristige Gewinne ab, führt jedoch langfristig zum Verlust von Kunden und zu Gewinneinbussen. Schlimmer noch ist die damit verbundene negative Mund-zu-Mund- Propaganda.

Ein gutes Produkt kann mit Qualitätsmängeln und Betrug leicht und rasch ruiniert werden. Und wenn es ums Wirtschaften geht, hat auch die Kirche im Dorf der Vehfreudiger wenig Einfluss: „*«Was seit is ächt Üse?» [der Pfarrer] hiess es sonst, «der wird wieder ein Fuder abladen, alles, was er das ganze Jahr durch aufgeladen hat. Er machts wohl gut, aber es ist ihm auch zu gönnen, dass er einmal im Jahre den Kropf leeren kann, er bekäme ja sonst einen wie ein obrigkeitlicher Zehntspycher. Man nimmts, legts hin, wo man will, dann hälts wieder für ein Jahr, und er lässt einen so ziemlich ruhig, wenn man ihm seine Birnen nicht stiehlt oder seine Zwetschgen. Ein kräftigs Wort hat er, selb ist wahr, es tschuret über einem ab bald wie ein Kübel heisses Wasser, bald wie ein Kübel kaltes, es düecht einem, man mögs nit erlyde. Ists einmal überstanden, so düecht es einem, es sei einem viel wohler.» So redeten die Vehfreudiger vom Bättag*". Man sieht, sie hatten eine moderne Richtung und hielten nicht viel auf Busse. Sie kannten eine einzige Art von Busse, und die legten sie sich selbst auf. Wenn sie ein Kalb oder sonst was zu wohlfeil verkauft hatten, so tranken sie einen Schoppen weniger, verkauften mehr faule Eier als gute und so weiter, bis sie den Verlust eingebracht glaubten. Ungewöhnlich dicke Haut schützte sie von der Plage der Selbsterkenntnis, und hinter dieser Haut hatten sie ein glücklicheres Selbstbewusstsein als die meisten Päpste ...* (S.218). Aber Vorsicht: Ein gutes Image ist immer verderblich, wenn man es nicht pflegt.

Wer Produkte von guter Qualität verkaufen will, muss dem Kunden die Qualität zeigen. Nur so ist dieser bereit, den Aufpreis für die Qualität zu zahlen. Man muss ausserdem darauf achten, dass der Kunde auch versteht, was überhaupt Qualität ist. Dies könnte man anhand von Produktverpackungen deutlich machen: *„Je besser einer was kennt, desto mehr fasst er in einen Blick zusammen und desto weniger spricht er von dem, was er gesehen, wenn es nicht gerade sein muss"* (S.262).

Ein positive Qualitätsergänzung sind Käsefuhren, welche die Vehfreudiger unternehmen, um den Käse zum Kunden zu bringen. Es machen aber nur diejenigen Bauern Käsefuhren, die über prächtige Pferde und schönes Rollmaterial verfügen, da man sein Reichtum präsentieren will. Die Bauern machen es nicht, um eine Serviceleistung zu erbringen und mehr zu verkaufen oder höhere Preise zu erlangen, sondern lediglich, um zu protzen. Dieses Verhalten ist unökonomisch und nicht optimal.

Da die Bevölkerung in den Wochen und Monaten, nachdem die Käserei eröffnet ist, ständig nach einer Maximierung an Milch strebt, trifft Peterli und Eisi das Schicksal, dass ihre vielen Kühe irgendwann keine Milch mehr geben wollen. Das Problem liegt darin, dass sie den Kühen wegen der schlechten Ernte nicht genug Nahrung geben können und plötzlich nur noch mit mehr oder weniger wertlosen Tieren dastehen. Auch das Vorhaben, Kühe zu verkaufen, scheitert kläglich, da Peterli wegen seiner mangelnden Bildung gar nicht in der Lage ist, einen anständigen Deal auszuhandeln. In seiner Verzweiflung „verkauft" er eine Kuh gegen eine wertlose Obligation: *„Auf dem Heimweg schon traf er Eglihannes und wollte es bei ihm gegen bar umsetzen. Der lachte aber, dass er Peterli vorkam wie der Leibhaftige, und erklärte ihm, das Gschriftli sei keinen faulen Kreuzer wert"* (S.404). Und obwohl er mit Hilfe eines Dorfbewohners die

Kuh gegen einen Aufpreis und die Obligation zurückbekommt, so wird ihm klar, wie schwer es sein würde, künftig Geld zu verdienen, wenn man sich nicht mal leisten kann, Heu für die Kühe zu kaufen. Dieses Beispiel verdeutlicht, welch problematische Situationen entstehen können, wenn man keine brauchbare Strategie festlegt und stattdessen „kopflos" Milch produziert und diese zur Käserei bringt. Gute Planung ist ein wichtiger Erfolgsfaktor und führt schliesslich dazu, dass in der Umsetzung viele Kosten gespart werden können.

Hier wird das sogenannte Milchgaden gezeigt, das heisst der Raum, wo die Abendmilch in weiten Gebsen aufgestellt wird, damit in der Nacht der leichtere Rahm «aufzieht». Dazu ist früher jedes Gaden schattseits angelegt und mit durchbrochener Wand versehen worden, damit die Abendmilch kühl werde und frisch bleibe. Morgens kann der Käser bei fettreicher Milch, wie bei Anker zu sehen, mit der «Nidlechelle» etwas abrahmen, «abnäh»[16]

---

[16]   A.G. Roth, a.a.O., S.58.

Kundenorientierung

Dominik Grether, Sebastian Hurst

Kundenorientierung - Die Theorie

Der Kunde ist König. Das sollte jedes Unternehmen verinnerlichen. Leider sieht die Realität oft anders aus. Kunden sind vor allem dann unzufrieden, wenn sie sich missachtet oder gleichgültig behandelt fühlen. Nur 9% der Kunden die ein Unternehmen wechseln, tun dies, weil sie woanders günstiger einkaufen können. Das sollte zu denken geben. Zufriedene Kunden äussern ihre Zufriedenheit im Schnitt gegenüber vier Personen, während Unzufriedenheit im Schnitt an elf Personen kommuniziert wird.

Acht Dinge sind es, die Mitarbeiter beachten müssen, wenn sie zufriedene Kunden wollen: Aufmerksamkeit, Ausgeglichenheit im Tagesgeschäft, Ehrlichkeit und Offenheit, Hilfsbereitschaft gegenüber Kunden und Kollegen, positive Einstellung zu Menschen und Aufgaben, Problembewusstsein, Verantwortungsbewusstsein, Zuhören können und andere Meinungen respektieren.

Die direkte persönliche Erfahrung mit dem Kunden bringt uns mehr Erkenntnis als jede Marktforschung auf dem Papier. Wir sollten uns also viel Zeit nehmen, um den Kontakt zu Kunden zu pflegen. Im Kern bedeutet Kundenorientierung das betriebliche Denken und Handeln auf die Bedürfnisse, Wünsche und Probleme des Kunden auszurichten. Das führt zur Kundenzufriedenheit. Der Erstkontakt zu einem Kunden ist von grösster Bedeutung. Ein negativer erster Eindruck kann kaum mehr korrigiert werden. Wer persönlich, freudig und aufmerksam auf einen Kunden zugeht, gewinnt in den meisten Fällen spontan sein Vertrauen.

Kundenzufriedenheit ist auch die Folge der wahrgenommenen Produktrealität und der in dieses Produkt gesetzten Erwartungen. Wer Kunden begeistern will, soll alles daran setzen, die Kundenerwartungen zu übertreffen.

Die Erwartungen der Kunden sind heute hoch, weil für die meisten Produkte mehrere Anbieter vorhanden sind. Deshalb sind oft Zusatzleistungen, die ein Unternehmen dem Kunden bietet, für das Entstehen der Kundenzufriedenheit entscheidend. Eine intensive und individuelle Kundenpflege ist deshalb oft wichtiger als die eigentliche Kernleistung des Unternehmens. Es ist sinnvoll, die Kundenzufriedenheit regelmässig zu ermitteln. Die kann durch objektive und subjektive Verfahren erfolgen. Die objektiven Verfahren benützen Messgrössen, die harte Fakten, wie etwa den Marktanteil, erfassen. Subjektive Verfahren laufen meist über Fragen, die man den Kunden stellt. Man versucht dabei, die Befindlichkeit zu erfahren („Wie zufrieden sind Sie mit...)".

Noch immer ist heute die Messung der Kundenunzufriedenheit in den Unternehmen viel verbreiteter. Dabei werden Beschwerden erfasst und oft gezielt im Rahmen eines Beschwerdemanagementprozesses weiter bearbeitet.

Zufriedene Kunden sind treue Kunden, und treue Kunden lassen sich an das Unternehmen „binden". Kundenbindung kann durch verschiedene Massnahmen unterstützt werden. Dazu gehören Massnahmen zur *Produkt*politik (z.B. Service- und Leistungsgarantien), *Preis*politik (z.B. Kundenkarten, Rabatt- und Bonussysteme) zur *Kommunikations*politik (z.B. Hotline für Kunden, Eventmarketing, Kundenzeitschriften, Mailings) und zur *Distributions*politik (z.B. Gewinnspiele, Firmenbesuche, Hauslieferdienst).

Kenntnisse über das Wesen und Verhalten der Kunden sind ebenfalls vorteilhaft. Man unterscheidet fünf Typen von Kunden: Der *fordernd stabile Kunde* ist optimistisch, erwartet vom Unternehmen, dass es mit dem Stand der Technik Schritt hält und ist dem Unternehmen treu. Der stabil zufriedene Kunde hat Vertrauen, freut sich, wenn der Status Quo erhalten bleibt und bleibt dem Unternehmen ebenfalls treu. Besondere Aufmerksamkeit erfordert der *resigniert zufriedene Kunde*. Er ist gleichgültig und denkt stets, dass man von einem Lieferanten nicht mehr erwarten kann. Mit etwas Anstrengung kann ein Unternehmen solche Kunden zu stabil zufriedenen Kunden machen. Der *stabil unzufriedene Kunde* ist eher pessimistisch, oft enttäuscht und weiss nie so recht, was er will. Um solche Kunden sollte sich ein Unternehmen nur dann bemühen, wenn es freie Kapazitäten hat. Schliesslich gibt es noch den *fordernd unzufriedenen Kunden*, der oft protestiert und fordert, dass es besser werden muss. Dieser vermiest die Freude an der Arbeit, bindet die verfügbaren Ressourcen übermässig und wandert trotzdem fast sicher wieder ab. Auf ihn zu verzichten kann durchaus auch im Sinn der Kundenorientierung sein.

Mit unzufriedenen Kunden ist kein Geld zu verdienen. Deshalb setzen erfolgreiche Unternehmen alles daran, ihren Kunden nachhaltig zu nützen.

Kundenorientierung in der Vehfreude

„Die Vehfreudiger waren sonst eben nicht berühmt wegen ihren Manieren und Rücksichten, ihre Jugend dagegen war berühmt, die ungezogenste zu sein" (S.99). Diese Aussage trifft auch im Hinblick auf die Einstellung der Bauern gegenüber den Kunden zu. Ein Beispiel mangelnder Kundenorientierung zeigt die Begegnung mit dem letzten Käsehändler, der in der Vehfreude vorbeikommt, um die Käse zu begutachten. Die Vehfreudiger versuchen ihn unter Druck setzen, um aus ihm ein gutes Angebot herauszulocken. Der potenzielle Kunde reagiert zu Recht ungehalten: *„Da würde es mir geschehen, wie es an einem Orte heisst: stiege ich gen Himmel, so wäret ihr hinter mir, bettete ich mich im Grabe, so wäret ihr auch da. Nähme ich Flügel und bliebe am äussersten Ende des Meeres, so kämet ihr mir nach, und ich käme nicht zur Ruhe, denn eure Käse mag ich nicht und will ich nicht"* (S. 219).

Fehlende Kundenorientierung ist auch auf dem Käsemarkt in Langnau festzustellen. Die Vehfreudiger können im Wirtshaus, wo der Dialog zwischen Käsehändlern und Kunden stattfindet, nicht warten, bis sie an der Reihe sind. Durch ihr unfreundliches Auftreten gegenüber der Kellnerin bzw. dem Stubenmädchen laufen sie Gefahr, dass im Nachhinein schlecht über sie geredet wird. Auf die Auskunft, wo sich die Käsehändler befinden, reagiert einer der Abgesandten aus der Vehfreude mit der harschen Antwort „ *...zeigt das Zimmer! [...] wollen gleich selbst gehen und sehen, was hier Trumpf gespielt wird, werden doch nicht Landvögte sein, bei denen man sich anmelden lassen muss?*" (S. 239).

Der «Markttag in Langnau» basiert auf einer Zeichnung vom 18.8.1899, auch wenn das Bild sich heute völlig verändert hat: Sie zeigt links die 1900 abgerissene «Chramlaube», rechts das noch stehende «Chüechlihuus» und im Hintergrund den nach dem Brand von 1890 neu errichteten «Löwen», den die Migros 1960 abgerissen hat.[17]

---

[17] A.G. Roth, a.a.O., S.66.

Hilfsbereitschaft gegenüber Kunden und Kollegen, Ehrlichkeit und ein Bewusstsein für die Probleme der Kundschaft fehlen weitgehend. Dies macht die Kunden unzufrieden, was sich darin zeigt, dass die Käsehändler negativ über die Käserei sprechen oder gar abwandern.

In der Realität überschätzen Unternehmen ihre eigene Leistung meist und sehen sich besser, als dies ihre Kunden tun. Diese sollten als wichtigste Informationsquelle genutzt werden. In der Vehfreude werden häufig Informationen von Kunden preisgegeben, aber nicht immer zum eigenen Vorteil ausgewertet. Als gutes Beispiel eignet sich der Brief von „Frau Kleb" im „Neuen Berner Kalender von 1842", der die Missstände in der Milchproduktion und der Behandlung der Kühe aus der Sicht einer Kuh anspricht: *„Damit er nicht vor das Gras hinauskomme, meinte er mit dem Grasen so spät als möglich anfangen zu müssen. Er hielt uns daher so lange als möglich am Dürren, er schabte ordentlich die Bühne, wenigstens siebenzigmal musste der Melcher mit dem Besen hintenfür. Wir wurden so dürr, dass das Korsett einer Modiste uns ganz perfekt gepasst hätte"* (S.185).

Die Bauern hätten durchaus die Möglichkeit gehabt, Fehler, die sie bereits in der Vergangenheit machten, auszumerzen. Es passiert jedoch nichts. Immerhin haben sie der Beschwerde des Senns über die mangelnde Qualität der Milch Folge geleistet, indem eine Kommission zur Klärung der Vorfälle eingesetzt wird. Auch wird der Hinweis eines Käseherstellers berücksichtigt, der vorschlägt: *„fordert nur keck den höchsten Preis, wer das Mulch begehrt, der wird es auch* *zahlen. Es ist wohl etwas darunter, was nicht am besten ist, das werdet ihr ausschießen müssen, dafür ist das übrige desto besser"* (S.216). Auf den Wunsch des Käsehändlers nach kleineren Käsen gehen sie jedoch nicht ein. Auch das ist mangelnde Kundenorientierung.

Den Spott und die Kritik der Händler über die Beschaffenheit des Käses nehmen die Vehfreudiger zwar wahr, aber nicht ernst. Sepp wollte die Information dem Hüttenmeister weiterleiten, doch: *„Er fand sie alle auf hohen Rossen, schrecklich kühn gesinnet, absonderlich auch Eglihannes. Je weniger Geld ist, desto mehr Aussichten gibt es auf kühne Händel für solch Gezüchte, Vaterlands- und Volksfreunde. Drehen lasse man sich nicht, man vermöge die Käse zu behalten, keinen Schritt versetze man deswegen, drückte man sich ritterlich aus"* (S.221). Dieses Verhalten zeugt von fehlender Kompetenz und Einsicht und hat natürlich Folgen für die weitere Kundenzufriedenheit und Kundenbindung.

Auch im Umgang mit Beschwerden stehen die Vehfreudiger nicht über der Sache und huldigen der alten Meinung: „Wer reklamiert, wird ignoriert". Hier ihr Konter auf kritische Bemerkungen eines Händlers: *„So hätte ihnen noch niemand geredet, hiess es. Alle hätten die Käse gerühmt, aber es werde am Hosensack fehlen und nicht an den Käsen, dass er sie nicht möge. Er werde einer von denen sein, welche gross seien im Gschaue, aber nicht mit Kaufen, darum die Sache vernütigen, um wohlfeil dazuzukommen. Aber er müsse nicht meinen, dass sie erst heute auf die Welt gekommen, sie seien dagewesen, ehe er das erste Mal in die Windeln gemacht"* (S.219).

Hilflos wirken die Vehfreudiger auf dem Käsemarkt in Langnau. Zuvor offenbaren sie einem Kunden gegenüber ihre fehlende Branchenkenntnis: *„Kommt auf Langnau, wir wollen dann sehen, ob wir es machen können miteinander, derweilen kann man sehen, wie Kauf und Lauf gehen"* [...] *„Nach Langnau auf den Markt, wann ist er, im Herbstmonat glaube ich?" „Immer am Mittwoch nach dem Bättag",* antwortete der Herr, da machen sich die Preise und wird das meiste verkauft" (S.210). Auch machen sie sich schlecht kundig über den Markt und die dort anzutreffenden Händler. So können sie keine persönlichen Informationen in das Verkaufsgespräch einfliessen lassen. Die Händler nutzen die fehlende Verkaufserfahrung schonungslos aus und offerieren ihnen entsprechend niedrige Preise für den Käse: *„Als der Ammann auf die Frage, an welchen Preis sie dächten, antwortete, sie dächten an den höchsten und hätten von siebzehn Kronen gehört, bemerkte einer, sie hielten ihnen das nicht für ungut, aber sie hätten andere Gedanken. Um mehr als zwölf Kronen freute sie ihr Mulch nicht. Da fingen die sieben alle an zu brummen, aber der Ammann fasste zuerst das Wort und sagte: „Das wird vexiert sein, wo fehlt es denn unseren Käsen?" „Wir wollen die Käse nicht ausführen und schlecht machen",* antwortete der Händler, *„sie sind uns ganz recht, aber wir begehren sie nicht, wir haben schon so viel gekauft, dass sie uns des Nachts über das Deckbett hinaufkommen. Es sind mehr überflüssige Mulche als an einer Ätigen-Kilbi Meitschi"* (S.242).

Die Vehfreudiger bekommen aber auch ein Lob für ihre Käserei. *„Als der Käsherr in die Käshütte trat, ungefähr wie die Frutiger von einem ihrer Pfarrer sagten, sie hätten doch den schönsten Herr, wenn er in die Kirche komme, so sei er völlig als wie ein aufrechtstehender Bär, warf er einen kundigen Blick durch das Gebäude, rühmte dasselbe, es sei gut gebaut, nicht gespart daran"* (S.209). Leider zeigen die Vehfreudiger kein Interesse, die Zufriedenheit ihrer Kunden zu hinterfragen.

Die Kundenbindung ist der wichtigste Aspekt von Kundenorientierung. Letztlich macht ein Unternehmen den meisten Umsatz mit den Kunden, die wieder kaufen und dem Unternehmen treu bleiben. In der Vehfreude gibt es Ansätze zu Massnahmen der Kundenbindung. Den Dorfbewohnern ist klar, dass man Qualität abliefern muss, wenn man die hohen Erwartungen der Kunden erfüllen will. Dazu gehören ein guter Standort und ein gut ausgebildeter Senn. Diese beiden Vorgaben hat die Käsegemeinde gut umgesetzt. Dem Wissen, dass Kühe eine besonders gute Behandlung benötigen, wenn sie gute Milch abliefern sollen, folgen allerdings die notwendigen Taten nicht.

Die Einladung eines Kunden zu einer Flasche Wein ist wohl eher eine intuitive als eine geplante Massnahme der Kundenbindung: *„Die Vehfreudiger vernahmen des Mannes Rede mit Wohlbehagen. Dem hätte man doch endlich die Zunge gelöst und wüsste jetzt, woran man sei, sagte einer zum andern und luden den Mann zu einer Flasche ein"* (S.217).

Auch ein Hauslieferservice in Form der „Käsfuhr" ist schon damals üblich, wobei diese Kundenbindungsmassnahme eher als Folge einer Kundenforderung, denn als Erfüllung einer Kundenerwartung zu werten ist: *„Das Käsführen ist ein Hauptjux bei einer Käserei. Der Käshändler bedingt sich nämlich aus, dass ihm die Käse zum Hause gebracht werden unentgeltlich, er verspricht bloss, Ross und Mann zu speisen und zu tränken, dass sie es machen könnten. Die Teilnahme an einer solchen Käsfuhr ist mehr wert als die Einladung zu einer Hochzeit; es ist nicht bloss wegem Essen und Trinken, sondern es lässt sich an derselben ein grosser Teil des Bauernstolzes zutage legen"* (S.281).

Nur widerwillig lassen sich die Vehfreudiger auf den Vorschlag eines Händlers ein und erlauben ihm, dreissig Käse auszusortieren: *„Jetzt, die von dem bis zu diesem (es waren deren ungefähr zwei Dutzend an einer Reihe) will ich nicht, wüsste sie nicht zu brauchen"* (S.275) [...] *„Am Ende waren dreissig Käse ausgeschaubet, Eglihannes war verlegen, und der Käufer sagte doch, er sei noch gnädig gewesen, aber er begehre sie nicht zu plagen, es sei ihm um ein andermal"* (S.277). Der Optimist mag dies ein flexibles Absatzsystem nennen, der Realist wird den Verdacht nicht los, die Vehfreudiger seien übers Ohr gehauen worden.

Prozessorientierung

Selina Hessel und Melanie Stebler

Prozessorientierung - Die Theorie

Damit ein Unternehmen den Kunden Qualität bieten kann, ist die Prozessorientierung von grosser Bedeutung. Das Management hat deshalb die Aufgabe, die Prozesse zu strukturieren, zusammenhängend zu gestalten und zu visualisieren. Dadurch wird Transparenz in den Unternehmensprozessen erreicht, die Zielorientierung bleibt gewahrt und die Ressourcen werden effizient genutzt. Ein Prozess ist eine Abfolge von Tätigkeiten, durch die ein Input in einen Output umgewandelt wird (Bild). Dafür werden Informationen, Dienstleistungen, Ressourcen und Fähigkeiten benötigt.

Ein prozessorientiertes Unternehmen arbeitet mit gut definierten und deshalb sicheren Prozessen. Ein *sicherer* Prozess ist robust, fähig und beherrscht. *Robust* heisst, dass Störungen nur einen geringen Einfluss auf das Prozessergebnis haben. Falls dennoch eine Störung eintreten sollte, streut ein *fähiger* Prozess nur innerhalb der akzeptierten Grenzen. Ein *beherrschter* Prozess ermöglicht schliesslich eine rasche und wirksame Korrektur in einem Störungsfall. Mit einer konsequenten Dokumentierung der Prozesse wird Strukturtransparenz erreicht. Dabei gilt es, die Dokumentation den vorhandenen Risiken anzupassen: je grösser die Risiken, desto detaillierter die Beschreibungen. Mit der *Struktur*transparenz erreicht man auch, dass das Know-how weitgehend im Unternehmen verbleibt.

Um den „Soll/Ist"-Vergleich von erbrachten Leistungen beurteilen zu können, muss der Prozess messbar sein. Diese *Leistungs*transparenz wird durch geeignete, aussagekräftige und leicht verständliche Leistungsindikatoren und Messgrössen, sogenannte Kennzahlen, erreicht. Dabei ist es wichtig, dass möglichst wenige Kennzahlen so viel wie möglich aussagen.

Die wichtigste Person in jedem Prozess ist der *Prozessverantwortliche* (Prozesseigner). Er trägt die gesamte Organisations- und Führungsverantwortung für den beschriebenen Prozess. Hier liegt eines der grössten Probleme in der gelebten Praxis verborgen. Obwohl man in den Unternehmen den Sinn und die Realitätsnähe definierter und gut dokumentierter Prozesse mittlerweile mehrheitlich einsieht, tut man sich schwer, den Prozessverantwortlichen die Führungsverantwortung im Prozess auch wirklich zuzugestehen. Prozesse gehen dem Sinn von Input und Output entsprechend horizontal durch das Unternehmen, während man – wohl aus traditionellen Gründen – noch immer an vertikalen Aufbauorganisationen festhält. Es gilt aber uneingeschränkt: Nur wenn der Prozessverantwortliche im Prozess die uneingeschränkte Führungsverantwortung wahrnehmen kann ist sinnvolles und erfolgreiches Prozessmanagement überhaupt möglich.

Die regelmässige Beurteilung der Prozesse und des Managementsystems erfolgt durch so genannte Audits. Diese Beurteilung dient zur Überprüfung der Aktualität der Prozesse, ihrer Beachtung im Tagesgeschäft und der Suche nach Verbesserungsmöglichkeiten. Regelmässige Audits, vor allem wenn sie, wie im Falle eines nach ISO 9001 zertifizierten Unternehmens, durch externe Auditoren durchgeführt werden, dienen dazu, dass Prozessorientierung im Unternehmen gelebt wird, Verbesserungspotenziale aufgespürt, erfasst und umgesetzt werden und die Dokumentation aktuell bleibt.

Zum nächsten Weiler in den Hornbach hinein führen zwei weitere Zeichnungen, die Anker beschriftet. Die eine zeigt einen Speicher, der heute noch steht.[18]

---

[18] A.G. Roth, a.a.O., S.74.

Prozessorientierung in der Vehfreude

Die Prozesse, die zur Wertschöpfung beitragen, sind seit jeher am besten definiert, zumal die Produktion von Herstellungsansatz zu Herstellungsansatz nur dann gleichbleibende Produktqualität ergibt, wenn man in gleicher Weise verfährt. So kann man auch in der Vehfreude Prozessdefinitionen am ehesten in der Produktion, der Lagerung und im Vertrieb des Käses erahnen.

Die Bauern wissen, dass die Milch als Input in der Käseherstellung einen direkten Einfluss auf die Käsequalität hat. Idealerweise sollen die Kühe alle kurz vor Beginn des Käsens gebären: *„Tritt also ein Bauer in eine Käserei, so scheint das die Hauptsache, dass er lauter greisete Kühe habe, das heisst solche, welche alle auf eine Tätsch als wie aufs Kommando kalben, und zwar ins Grüne und zwar womöglich gerade fünf Tage vor Anfang des Käsens"* (S. 59).

Auf das richtige Futter soll geachtet werden: *„Fettes Gras gibt fette Milch und mageres Gras magere Milch, das begreift ja ein Kind"* (S.206). Aber auch im Hinblick auf das Gras können Fehler gemacht werden: *„Mancher Bauer musste den halben Hof übergrasen und fütterte doch die Kühe schlecht, dass sie abfielen und von der Milch kamen"* (S.184).

Zum Prozessverantwortlichen in der Produktion wurde der Senn bestimmt.

Auch eine Beschreibung des Herstellungsprozesses findet sich in der Vehfreude: *„Das Feuer brannte, die Milch erwarmete; als sie den gehörigen Grad erreicht hatte, stellte der Senn die Erhitzung ein [...] es schied sich das Ungleiche vom Ungleichen, es sucht das Gleiche das Gleiche, das Beste sammelte sich oben, das Schlechte ward bedeckt und unsichtbar [...]. Er nahm einen hölzernen Säbel und hieb in die dicke Decke hinein die Kreuz und die Quer, schnitt unbarmherzig darin herum, bis das Ganze in lauter kleine Stücke zerhauen war. Und als das geschehen, fuhr er mit dem nackten Arme in die zerbröckelte Masse hinein, als wolle es auf immer hindern, dass das Gleiche mit dem Gleiche sich binde [...] er fühlte genau am Arme den höchsten Wärmepunkt, welchen das Käsen ertragen mag, wenn der Käs nicht zähe und hart und zuviel Milch für ein Pfund Käs verwendet werden soll [...] Stundenlang rührt der Senn die Masse in ungefähr gleicher Wärme, bis er glaubt, sie sei sattsam verarbeitet, dann lässt er das Rühren sein und alsbald tritt das Scheiden wieder ein [...] Diesmal sinkt das Bessere, die Käsmasse, zu Boden, und obenauf schwimmt die dünne Flüssigkeit, Käsmilch genannt. Hat die Masse sich gelagert, wird unter ihr durch das Kästuch, eine Art von Beuteltuch, gezogen, aus dem Kessi gehoben, dann gepresst, gewendet, neue trockene Tücher darum geschlagen, bis man ihn trocken und von aller Käsemilch befreit glaubt und dem armen Schelm endlich Ruhe gönnt, den Järb, eine hölzerne Rahme, unterlegt, enger oder weiter je nach Grösse der Masse, welche zugleich dem*

Käs die Form gibt" (S.113f).

Die Vehfreudiger machen sich – wenigstens ansatzweise – auch Gedanken über eine optimale Präsentation ihres Käses: *„Man geht mit den Händen in den Säcken den schön geordneten Käsen nach, betrachtet sie, ob sie eben recht gerundet seien, nicht zu fest eingefallen oder zu sehr aufgelaufen oder gar gespalten, gibt dem Senn Weisung, er solle diesen oder jenen Käs besser so oder anders drehen. Wenn einer käme, sie zu gschauen, sehe er den Fehler weniger"* (S.197).

Die Kenntnisse über den Vertriebsablauf sind bescheiden. Der Warenverkauf gestaltet sich, damals wie heute, angesichts der vielen Mitbewerber, meist schwieriger als es optimistische Jungunternehmer erwarten. Unter den Käsehändlern ist es üblich, dass der Käufer den Vertriebsablauf bestimmt. Um eine eigene Vertriebsstrategie müssen sich die Vehfreudiger deshalb nicht kümmern, sie hätten es wohl auch vergessen.

Über die Absatzmengen wird laut Aussage eines Jungen nicht ordentlich Buch geführt und er klagt den Sennen an: *„Du machst nicht recht auf, du bschyssest! [...] Du machst nur ganze Pfund auf, und die halben und dreiviertel [...] die machst gar nicht auf"* (S.99). Allein, der Senn als Respektsperson setzt sich durch. In ihrer Einfalt kommen die Vehfreudiger zu bemerkenswerten Schlüssen: *„Natürlich kann man bei solchen Massen Milch nicht ins kleine gehen, mit Lot oder gar halben und viertel Lot sich befassen. Man würde erstlich mit dem Wägen und dann mit dem Rechnen nicht fertig. Übrigens kommt es am Ende gar*

*nicht darauf an, da es sich alle gefallen lassen müssen
und ja doch der ganze Ertrag in jeglicher Form den
Teilnehmern und nicht dem Senn gehört"* (S.103)

Eglihannes bietet sich an, den ausgeschossenen, nicht
vertriebenen Käse doch noch an den Mann zu bringen: *„Bis im Frühjahr zur Käsrechnung will ich die
Käse verkauft haben und das Geld schön darlegen
[...] Und wer den Vorschlag von Eglihannes er-
mehrete und ihm den Verkauf der ganzen Partie
übergab, das waren unsere Vehfreudiger – so konsequent waren sie!"* (S.331)." Natürlich betrügt er die
Vehfreudiger: *„Eglihannes hatte für seinen Käs wohl
Ausstände, aber kein Geld eingesetzt, und die Ausstände gefielen ihnen auch nicht..."* (S.439)

Da der Käse über den Winter nicht gelagert werden
kann, soll er vor dem Wintereinbruch verkauft und
geliefert werden. Ansonsten muss der übrig geblie-
bene Käse gesalzen oder in den Rauch gehängt werden: *„Da drücken sie erst die Händler, denn sie wissen, ein Küher kann den Käs schwerlich den Winter
über behalten. Die meisten müssen im November
zinsen, vorrätiges Geld ist bei den wenigsten und
noch weniger Platz für den Käs [...] müssen an
eine Zeit denken, wo sie den Winter über gar niemand mehr will, wo sie ihr ganzes Senntum, um es zu
überwintern, entweder in den Rauch hängen oder es
einsalzen müssen"* (S.237).

Am Tag der Käserechnung stellt sich heraus, dass
Soll und Haben nicht übereinstimmen. Im Lager
fehlen Käse, was auf die mangelnde Dokumentation des Warenausganges zurück zu führen ist:
„Eglihannes hatte in der Rechnung über seinen

Käshandel die Namen derer ausgesetzt, welche den Käs nicht bezahlt hatten; die, welche gezahlt, waren nicht genannt; die Zahl der verkauften Käse und derer, welche noch da waren, stimmte nicht überein mit der Zahl derer, welche im Herbst übriggeblieben. Kein Mensch wollte wissen, wohin die fehlenden Käse gekommen; vielleicht, dass die Mäuse sie gefressen" (S.440).

Damit die so entstandene «Dickete» von der Sirte geschieden wird, muss, wie Anker zeigt, der Hüttenknecht nun mit der «Harfe» ruhig *rühren*. Er schützt, da der Kessel zwar vom Feuer weggedreht, aber heiss ist, Hosen und Beine mit einem *Brett*, wie richtig festgehalten wird.[19]

---

[19]   A.G. Roth, a.a.O., S.60.

Mitarbeiterorientierung

Samuel Baumgartner, Hannah Klotz, Sebastian Krebs

Mitarbeiterorientierung - Die Theorie

„Wenn Sie die richtigen Leute haben, dann machen Sie auch die richtigen Sachen – so einfach ist das", sagte Helmut Maucher, der langjährige CEO und Präsident von Nestlé. Die Mitarbeiter sind das Wichtigste in jedem Unternehmen. Alles, was schliesslich einen Käufer findet, wird von oder über Menschen gemacht. Auch die Kundenzufriedenheit lässt sich nur über Mitarbeiter erreichen. Dabei gilt: Gute Mitarbeiter sind in der Lage, Kunden für das Unternehmen zu gewinnen – schlechte Mitarbeiter vertreiben sie. Mitarbeiterorientierung heisst, die richtigen Mitarbeiter auswählen, zu den eigenen Arbeitnehmern Sorge tragen und sie gaben- und aufgabenbezogen fördern. Wer Mitarbeiter zu Höchstleistungen bringen will, muss sie motivieren können. Die heutigen Mitarbeiter sind in unseren Breitengraden mehrheitlich hoch qualifizierte „Kopfarbeiter" („Knowledge Worker"). Die Vorgesetzten sind nicht mehr von vorneherein in der Lage, die Arbeit dieser Spezialisten umfassend zu verstehen. Deshalb ist es wichtig, eigenverantwortliches Handeln solcher Mitarbeiter nicht nur zu fordern, sondern auch zu unterstützen. Motivation beinhaltet die drei Dimensionen *wollen, können* und *dürfen*. Während das *Wollen* praktisch nur vom Mitarbeitenden selbst beeinflusst werden kann, kann beim *Können* der Arbeitgeber durchaus – etwa durch Ausbildungsmassnahmen – seinen Beitrag zur Motivation der Mitarbeiter leisten. Beim *Dürfen* schliesslich sind

die Mitarbeiter meist völlig dem Arbeitgeber ausgeliefert, weil dieser die Rahmenbedingungen vorgibt. Motivierte Mitarbeiter fördern, frustrierte Mitarbeiter gefährden den Unternehmenserfolg. Mitarbeiterorientierung verlangt von den Führungskräften, die Mitarbeiter durch Wertschätzung und offene Information derart zu fördern, dass sie sich voll und ganz für die Erreichung der Ziele einsetzen können und in ihrer Aufgabe Befriedigung finden.

Um eine gesunde Unternehmenskultur zu schaffen, braucht es eine realistische und realisierbare Unternehmensphilosophie, welche durch die Führungskräfte den Mitarbeitern konsequent vorgelebt werden muss. Die Mitarbeiter erfolgreicher Unternehmen teilen gemeinsame Wertvorstellungen. Je besser dies gelingt, desto stärker fühlen sich die Mitarbeiter an das Unternehmen gebunden („commitment to the company"). So werden auch allfällig auftretende Reibungen im zwischenmenschlichen Bereich minimiert.

Herausragende Führungskräfte zeichnen sich durch folgende Eigenschaften aus:

1. Einheit von Person und Aufgabe

Führungskräfte empfinden ihre Arbeit nicht als mühselig, sondern *leben*, um zu arbeiten und arbeiten *nicht,* um zu leben. Dies hat zur Folge, dass sie gegenüber ihren Arbeitnehmern und den Kunden glaubwürdig erscheinen.

2. Zielstrebigkeit

Führungspersönlichkeiten verfolgen konsequent und gemeinsam mit ihren Mitarbeitern ambitionierte, visionäre Unternehmensziele.

3. Mut

Unternehmer zeichnen sich durch ihren Mut aus, rasche und für die Praxis vertretbare Entscheidungen zu fällen.

4. Energie und Ausdauer

Personen in leitenden Positionen strotzen vor Energie und Tatendrang.

Die hohe Kunst von Unternehmensleitern ist, die Mitarbeiter in allen denkbaren Situationen zu motivieren und zu begeistern.

5. Führungsstil

Ein erfolgreicher Führungsstil zeichnet sich durch eine konsequente und situativ angepasste Mitarbeiterorientierung aus. Der nachhaltige Umgang mit den Mitarbeitern wird bei erfolgreichen Unternehmern gross geschrieben.

Klare Strukturen und eine gute Organisation machen die Mitarbeiter zufrieden. Dazu gehören auch klare Aufgabenbeschreibungen und Unterstellungsverhältnisse. Der Satz aus der Bergpredigt: *„Niemand kann zwei Herren dienen"* (Matthäus 6, 24) hat auch und gerade im Geschäftsleben seine Berechtigung.

Dann gibt es ebenfalls eine Zeichnung mit dem Vermerk «Wasen». Sie zeigt den östlichen Dorfeingang bei der Hornbachbrücke mit dem sogenannten *Brändli* und dem Kirchturm.[20]

---

[20] A.G. Roth, a.a.O., S.70.

Mitarbeiterorientierung in der Vehfreude

Die Käserei ist mit ihren Anteilsrechten wie eine heutige Genossenschaft aufgebaut: *„Die sämtlichen Anteilhaber, von denen jeder soviel Rechte hatte an der Käserei als Kühe, von denen er die Milch versprach, bildeten die Käsgemeinde, ..."* (S.43). Leider sind die Anteilhaber gleichzeitig Shareholder, Kontrolleure, Lieferanten und Kunden in einem, was zu etlichen Konflikten führt. Besser wäre es, wenn man diese Anspruchsgruppen trennen könnte, um allfällige Unstimmigkeiten zu vermeiden. Die Vorstellungen zur Persönlichkeit und zu den Fähigkeiten des Senns werden angeführt, sind jedoch in der Vehfreude nicht schriftlich verfügbar. Nach heutigem Verständnis ist dieser Aufgabenbeschrieb jedoch zu vage: *„..., ist und bleibt ein tüchtiger Senn mit Ehre im Leibe, der weder mit einem Bauer noch einer Bäuerin noch deren Töchter unter einer Decke steckt. Ein guter Senn hat eine feine Nase, kennt genau die Milch, weiss ziemlich, woher gute kommt, woher schlechte"* (S.44).

Schon damals wird bei der Entlohnung von Schlüsselmitarbeitern mit einem Bonussystem gearbeitet: *„Je teurer das Mulch, desto besser der Senn, je besser der Senn, desto höher sein Lohn, desto grösser das Verlangen, oft von weither ihn zu erhaschen und weg-*

zulocken" (S.44). Der Lohn ist an den Preis gekoppelt, für den man den Käse verkaufen kann. Dieser wiederum hängt direkt von der Qualität des produzierten Käses ab. Die Gefahr einer Abwerbung durch Konkurrenten kann gemindert werden, wenn das Gehalt in einen fixen und einen variablen, erfolgsabhängigen Teil getrennt wird.

Die notwendigen Verantwortlichkeiten wurden an die Anteilhaber delegiert, die für die entsprechende Aufgabe am besten geeigneten erscheinen: *„Darauf kamen die Wahlen: Hüttenmeister, Kassier und Sekretär."* (S.45)

„Hüttenmeister wurde der Ammann, welcher die meisten Kühe hatte, und Kassier der Krämer, welcher das Geld am besten kennen und etwas vom Rechnen verstehen sollte" (S.46). Die Vehfreudiger hätten wohl etliche der beobachteten Probleme lösen können, wenn sie – einem modernen Ansatz folgend – aus ihrer Mitte eine Geschäftsleitung gewählt hätten, die, mit den nötigen Kompetenzen versehen, für das Tagesgeschäft verantwortlich gewesen wäre.

Eglihannes verdeutlicht, dass in der Käsgemeinde jeder seine Meinung sagen dürfe, jeder seine Stimme hat: *„Da stand Eglihannes auf und sagte, er möchte auch ein Wort dazu sage, wenn es erlaubt wäre, wenn nicht, so könne er auch schweigen, ja freilich! Er wüsste nicht, sagte der Ammann gereizt, dass er einem das Wort verhalten, mit solchem solle man ihm nicht kommen. Er sei Gemeinde dafür, dass jeder seine Meinung sage, dumm oder gescheit, je nach seinem Verstand. Die andern seien eben nicht daran gebunden, sondern hätten die Wahl, sie anzunehmen oder* *nicht. Das meine er auch, sagte Eglihannes. Es sei hier nicht wie in einer Kirche, wo einer das Recht habe, vorzusingen, und jeder dem nachgaaggen müsse"* (S.263). Das Recht auf freie Meinungsäusserung macht in der hier beschriebenen Käsegemeinde sicher Sinn. Weil aber keine klaren Strukturen vorhanden und die Aufgaben nicht eindeutig definiert sind, wäre auch deshalb eine kompetente Führungskraft gut, die bei Uneinigkeiten das letzte Wort hätte. Ihr endgültiger Entscheid müsste dann von allen Beteiligten akzeptiert werden.

Mit einer grosszügigen – wenngleich aus finanzieller Perspektive eher fragwürdigen – Einstellung werden für die Mitarbeiter moderne Arbeitsplatzbedingungen geschaffen: *„An der Hütte sollte nichts gespart, sondern gezeigt werden, dass man auf der Vehfreude sich nicht an tausend Gulden mehr oder weniger kehre,.... Es sollte die beste und kommodeste Hütte werden ringsum..."* (S.46). Die diesem Entscheid zu Grunde liegende Einstellung hat allerdings weniger mit Mitarbeiterorientierung als mit Eitelkeit und Stolz zu tun.

Die klaren Vorgaben für die täglichen Milchlieferungen erlauben einen reibungslosen Arbeitsablauf: *„Die Lieferzeit war auf sechs Uhr morgens und sechs Uhr abends gestellt, und im Reglement die Pünktlichkeit auf eindringliche Weise eingeschärft"* (S.95). Es ist positiv, dass diese Festlegung im Reglement aufgeführt, also schriftlich vorhanden ist.

Hier wird das *Bringen der Milch* in die Hütte gezeigt, wo die Brenten, oft bis 50 kg schwer, abgestellt und gewogen werden, wo der Käser auf der Tafel im Hintergrund die Milchmenge des Bauern aufschreibt, der seine Brente links in den Käsekessel leert.[21]

Im entscheidenden Augenblick interessiert die Vehfreudiger jedoch wenig, was im Reglement geschrieben steht: *„Aber es fragt sich nicht, was im Reglement ist, sondern ob die Sache so ist, wie der Senn sagt und der Fehler nicht an einem ganz anderen Orte ist, selb ist die Frage"* (S.140). Aus Sicht der Mitarbeiterori-

---

[21]   A.G. Roth, a.a.O., S.58.

entierung ist die Aussage von Sepp vom Nägeliboden bemerkenswert: *„Wer hart arbeiten muss, muss gut zu essen haben, und mutet man seinen Leuten viel zu, muss man es ihnen recht gönnen!"* (S.149). Man muss versuchen, seine eigenen Mitarbeiter gut zu behandeln, ihnen Wertschätzung für ihre harte Arbeit und ihren Einsatz für das Unternehmen entgegen bringen: *„Der eine baut sein Dasein auf Geld, auf Erb oder Erwerb ist sein Sinn gerichtet; kommt er dazu, glaubt er sich sicher vor Sturm und Wind. Andere lieben sogenannte gesicherte Existenzen mit viel Ehre, viel Einkommen, Anstellungen auf Lebenszeit"* (S. 165).

Die Kühe sind im Kern ebenfalls Mitarbeiter der Vehfreude. Um gute Milch zu produzieren benötigen sie gutes Futter und saftige Wiesen. Dies hat bei weitem nicht jeder Bauer begriffen, wie die fiktive Kuh im Volkskalender klagt: *„Ganz sicher dachte er nicht daran, dass sechs Kühe mehr fressen als drei und, um mehr Futter zu machen, man das Land verbessern müsse"* (S.190). Neue Ideen werden meist enthusiastisch verfolgt. Geht man dann aber konzeptlos vor, wird – wie im Fall der Futterversorgung – zu kurzfristig geplant: *„Nun, wer an den Winter nicht denkt, kann im Sommer sich immer helfen, aber dafür muss er dann im Winter desto heisser schwitzen, und dieser Schweiss ist schmerzlich und kostet viel Geld. Das hat schon mancher erfahren"* (S.195).

Führungskräfte zeichnen sich durch überzeugendes Auftreten und mutige Entscheidungen aus. Eglihannes tritt überzeugend auf und fordert Entscheidungen: *„Dagegen erhob sich Eglihannes und sagte, er hätte noch nie gehört, dass man dreizehn Kronen und fünf-*

zehn Batzen nehme, wenn man vierzehn ganze Kronen haben könne" (S.265). Allerdings sollten die der Entscheidung zu Grunde liegenden Annahmen richtig sein. Bei dreizehn Kronen und fünfzehn Batzen wäre aller Käse – ohne Ausschuss! – verkauft gewesen: *„Endlich sagte der Alte, der früher wegen der Untersuchung der Sache den Tätsch gegeben, er müsse doch fragen, wie das sei wegem Ausschauben, ob die, welche das geringere Bott hätten, auch etwas vom Ausschauben gesagt? Davon sei keine Rede gewesen, hiess es, das alte Pfund sei vorbehalten und zwei Pfund Zugewicht, wie der auch wolle, sonst aber nichts"* (S.264). Per Saldo wären die Vehfreudiger mit dem etwas niedrigeren Gebot besser gefahren…

Da alle Vehfreudiger an der Käserei teilhaben, sehen sie sich auch alle als Mitarbeiter – und zwar in Chef-Position. Der Käsehändler redet ihnen mit dem Ziel der persönlichen Vorteilnahme die Käse schlecht. Das mag moralisch verwerflich sein – allein, das Ausnutzen der Unfähigkeit oder Dummheit eines anderen ist im Geschäftsleben kein Straftatbestand. Hingegen zeigt der Käsehändler, dass er Mitarbeiter mit hängenden Köpfen gut zu trösten und aufzubauen weiss: *„Und wirklich tat er sich bei den Männern um, wusste ihnen Honig in den Mund zu streichen löffelweise, guten Rat zu geben auf die Zukunft, dass die anfängliche Bitterkeit sich verlor und sie bei sich dachten, sie könnten es ihm soviel nicht verargen, wer einmal das Heft in den Händen habe, mache was er könne. Das sei gut für ein andermal, das Lehrgeld müsse man einmal zahlen, und doch lerne man nie aus"* (S.277).

Managementmodelle

Daniel Karpati und Sophie Langloh

Managementmodelle – Die Theorie

Mit Qualitätsmanagement will ein Unternehmen sicherstellen, dass es im Wirtschaftswettbewerb erfolgreich bestehen kann. Dazu ist den drei Dimensionen Messung, Standardisierung und Verbesserung besondere Beachtung zu schenken. Hier werden die vier gängigsten (Qualitäts-) Managementmodelle vorgestellt.

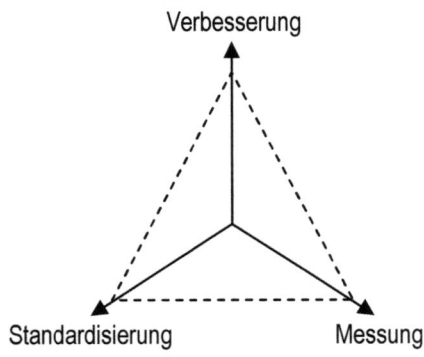

Das ideale Unternehmen (---)

Die ISO 9000

Die 9000er Reihe der ISO[22] bildet die Grundlage für das heute weltweit am weitesten verbreitete Managementsystem-Konzept. Die Verbreitung dieses Normenwerks wurde sicherlich dadurch begünstigt, dass ein Unternehmen, das die Norm ISO 9001 („Qualitätssysteme - Anforderungen") erfüllt, nach der Überprüfung durch eine unabhängige Zertifizierungsgesellschaft ein Zertifikat erwerben kann. Ein solches Zertifikat bestätigt, dass die betreffende Organisation Mindestanforderungen an Organisation und Qualitätsmassnahmen erfüllt, die man nach heutigen Vorstellungen von gutem Wirtschaften erwartet. In der zurzeit geltenden Version ISO 9001:2008 ist das Managementmodell auf Firmen jeder Grösse und aller Branchen anwendbar. Mit dem in den Achtzigerjahren des vergangenen Jahrhunderts entwickelten Normenwerk wurde *erstens* der Systemgedanken auch in kleinen und mittleren Unternehmen verankert; zweitens hat es auf der Ebene der Organisation in Unternehmen und im Hinblick auf die Qualitätsbemühungen viel in Bewegung gebracht und drittens lässt es – als „Metanorm", die verlangt *was*, *nicht* aber *wie* organisiert werden muss – den Unternehmen ein Höchstmass an Freiheit in der Ausgestaltung ihrer Prozesse. Ein Managementsystem, das nach ISO 9001 zertifiziert ist, bedeutet also, dass Prozesse definiert und schriftlich festgelegt werden (Plan), dass nach diesen Festlegungen konsequent gehandelt wird (Do), dass diese gemessen, beurteilt, gewichtet (Check) und bei Bedarf verbessert werden (Act). Die ISO 9001 legt einen klaren Schwerpunkt auf die Definierung und die Dokumentierung aller Prozesse im Unternehmen nach dem Motto: *„Wer seine Prozesse im Unternehmen nicht kennt, kennt gar nichts im Unternehmen".*

---

[22] International Organisation for Standardisation

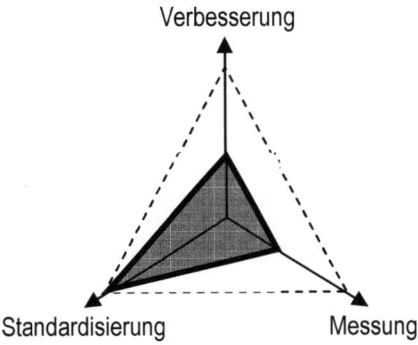

Das nach ISO 9001 zertifizierte Unternehmen

Wird auf der Grundlage eines nach ISO 9001 zertifizierten Unternehmens die Norm ISO 9004 („Leitfaden zur
Leistungsverbesserung") konsequent angewandt, kommt
man dem Idealbild eines Unternehmens durchaus nahe:

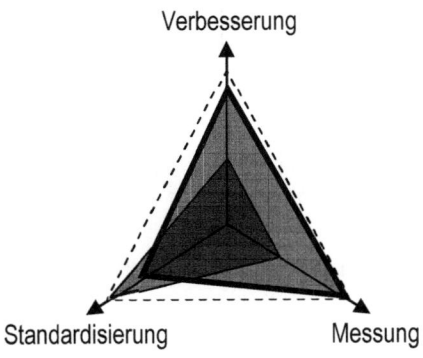

Unternehmen mit ISO 9001 und ISO 9004

Das EFQM - Modell

Das EFQM[23]-Modell für Business Excellence legt einen besonderen Schwerpunkt auf die Messung der Potenziale und der Ergebnisse im Unternehmen. Zudem fordert es eine Verknüpfung aller Tätigkeiten mit der Firmenpolitik und der Strategie. Im Rahmen eines Assessments werden neun Unternehmensbereiche bewertet und mit einem Rating versehen. Wie das Bild zeigt, nehmen auch hier die Prozesse die zentrale Stellung ein:

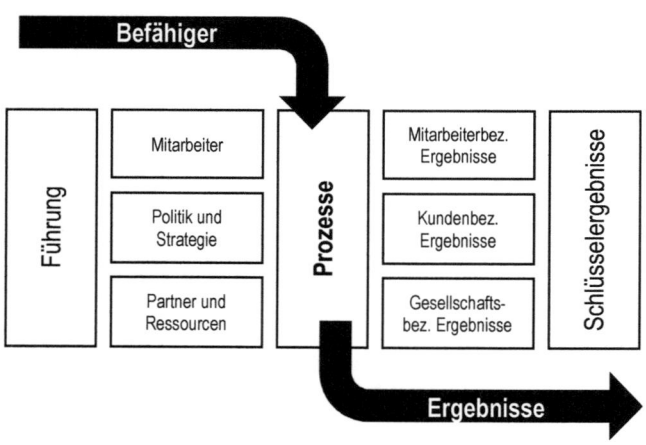

Hingegen ist bei diesem Modell eine konsequente Definierung und Dokumentierung der Prozesse nicht zwingend nötig.

Im Folgenden werden die neun Kriterien des EFQM-Modells genauer beschrieben:

Führung: Manager übernehmen eine Vorbildfunktion und konzipieren die Vision eines Unternehmens, die da-

---

23 European Federation for Quality Management

zugehörigen Werte und ethischen Grundsätze.

Die Führungskräfte übernehmen eine Vorbildfunktion und vermitteln durch ihr Handeln und ihre Verhaltensweise die Umsetzung des Modells. Sie konzipieren das Zukunftsbild der Organisation sowie Werte und ethische Grundsätze.

Politik und Strategie: Die Strategie wird konsequent auf die Interessengruppen und deren aktuelle wie auch zukünftige Bedürfnisse und Erwartungen ausgerichtet. Politik und Strategie werden bewertet, umgesetzt, kommuniziert und ständig aktualisiert.

Mitarbeiter: Um das Potenzial optimal ausschöpfen zu können, werden die Mitarbeiter beteiligt und zu selbständigem Handeln ermächtigt. Wissen und Kompetenz werden ermittelt und weiterentwickelt.

Partnerschaften und Ressourcen: Externe Partnerschaften und interne Ressourcen müssen unter Berücksichtigung aktueller und künftiger Bedürfnisse gut geplant und geleitet werden, die Gemeinschaft und die Umwelt werden miteinbezogen.

Prozesse: Prozesse müssen systematisch gestaltet, klar vernetzt und bedarfsgerecht laufend verbessert werden.

Kundenbezogene Ergebnisse: Die Wahrnehmung der externen Kunden ist für eine Organisation von grosser Bedeutung. Durch umfangreiche Messungen wie Kundenbefragungen, Lieferantenbewertungen und Auswertungen von Anerkennung und Beschwerden soll die Kundenwahrnehmung erfasst werden.

Mitarbeiterbezogene Ergebnisse: Die Wahrnehmungen der Mitarbeiter sind für das Unternehmen ausserordentlich wichtig. Deshalb werden auch hier Messungen mittels Umfragen, Interviews oder strukturierten Beurteilungsgesprächen die Motivation und Zufriedenheit beurteilt.

Gesellschaftsbezogene Ergebnisse: Die Leistung des Unternehmens wird in Bezug auf die Gesellschaft gemessen. Je nach Tätigkeit bezieht sich die Messung auf die lokale, nationale oder sogar internationale Gesellschaft.

Schlüsselergebnisse: Hier wird ermittelt, wie weit die in der Politik und Strategie geplanten Leistungen erreicht wurden. Dabei wird zwischen finanziellen und nichtfinanziellen Ergebnissen unterschieden.

Das EFQM-Modell ist sehr ergebnisorientiert und eignet sich so auch als „Award-Modell", bei dem Firmen über ein komplexes Punktesystem diverse Auszeichnungen gewinnen können. Über den Wert solcher Auszeichnungen, die mit einem Pokalgewinn im Fussball verglichen werden können, lässt sich allerdings streiten. Schliesslich muss ein Unternehmen seine Wettbewerbsfähigkeit und den Erfolg im Markt beweisen.

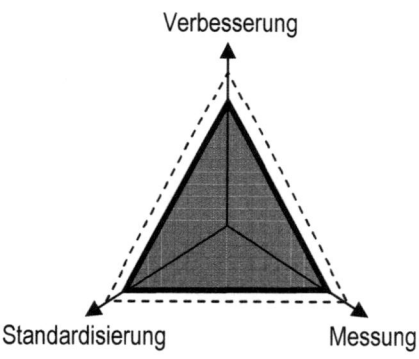

Unternehmen mit EFQM-Modell

Das Six Sigma-Modell

Dieses mathematische Modell basiert auf der Gaussschen Normalverteilung und soll eine möglichst kleine Fehlerrate sicherstellen. Nach dem Six Sigma-Ansatz (Six Sigma [σ] = sechs Standardabweichungen) kommt

es bei Produkten, die den Sollwert von Six Sigma unter-
schreiten, zu maximal 3.4 Fehlern auf eine Million Feh-
lermöglichkeiten. Heute wird das Six Sigma-Modell vor
allem in Grossunternehmen angewendet. Kleine und
Mittlere Unternehmen bringen die Voraussetzungen
(noch) nicht mit, um Six Sigma wirklich nutzbringend
anwenden zu können. Hierzu braucht es auch speziell
ausgebildete Mitarbeiter.

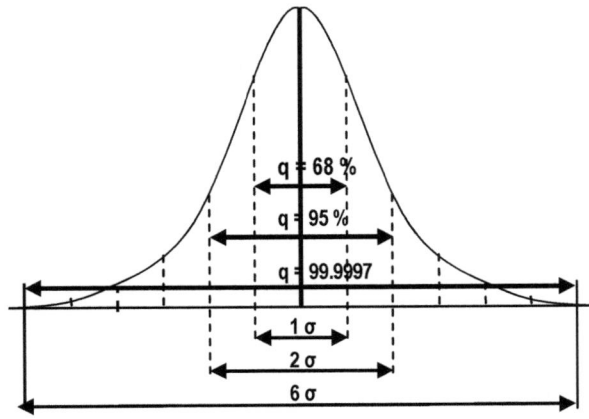

Six Sigma-Modell: Sechs Standardabweichungen
umfassen 99.9997% aller möglichen Werte

Die Stärke des Six Sigma-Modells liegt in der dauerhaf-
ten Verankerung der kontinuierlichen Verbesserung im
Unternehmen. Allerdings kann die bedingungslose Ergebnisorientierung zu kurzfristigen Wirtschaftlichkeits-
überlegungen führen. Deshalb sind die angestrebten
Verbesserungen auch nicht notwendigerweise strategie-
fördernd.

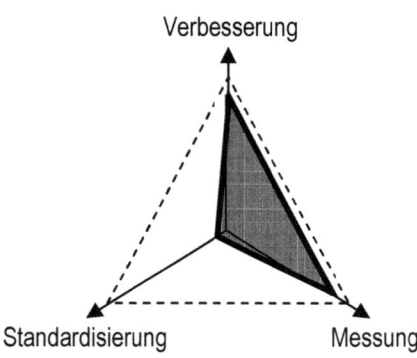

Unternehmen mit Six Sigma-Ansatz

Balanced Scorecard

Das Modell der Balanced Scorecard wurde ursprünglich entwickelt, um die Umsetzung von Strategien in Unternehmen sicherzustellen. Kein Geschäftsführer kann sein Unternehmen anhand von Hunderten von Kennzahlen führen. Die Balanced Scorecard soll deshalb dem Topmanagement ähnlich den Instrumenten im Cockpit eines Flugzeuges die Möglichkeit geben, mit wenigen relevanten Kennzahlen die Lage des Unternehmens permanent zu überwachen. „Finanzen", „Kunden", „Prozesse" und „Entwicklung/Mitarbeiter" stehen miteinander in enger Wechselwirkung. Deshalb enthält das Cockpit Kennzahlen zu diesen vier Perspektiven:

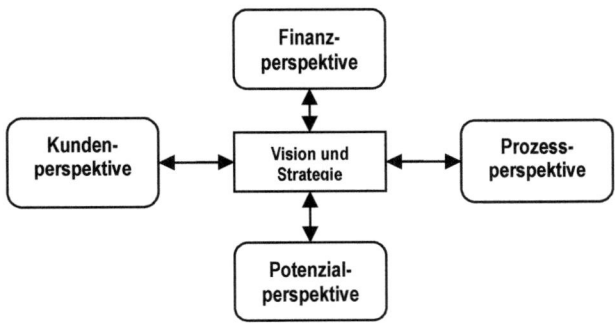

Balanced Scorecard, Modell

Die Stärke der Balanced Scorecard liegt in der Ableitung relevanter Kennzahlen aus der Unternehmensstrategie. Verbesserungspotenziale werden aus der aktuellen Strategie abgeleitet. Da und dort wird die Balanced Scorecard als eigenständiges Managementmodell verwendet. Nachteilig ist, dass die Standardisierung – die klare Definition und Dokumentierung der Prozesse – in diesem Modell nicht thematisiert wird. Letztlich sind aber sowohl das Six Sigma-Modell als auch die Balanced Scorecard gute Möglichkeiten, um ein ISO 9001-zertifiziertes Managementsystem um die Aspekte Messung und Verbesserung zu erweitern.

Da jedes Qualitätsmanagement richtigerweise von einem bestehenden IST-Zustand ausgehen soll, ist die Zertifizierung nach ISO 9001 ein erster und wichtiger Schritt. Damit ist sichergestellt, dass die Prozesse im Unternehmen definiert und dokumentiert sind und die Mitarbeiter entsprechend dieser Vorgaben arbeiten.

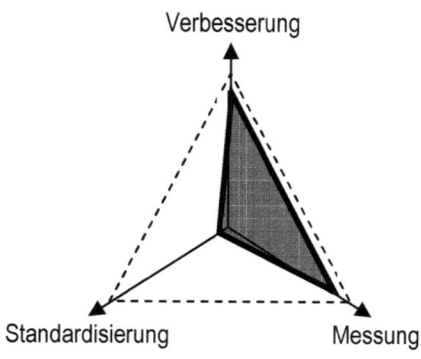

Balanced Scorecard im Unternehmen

Auf ISO 9001 aufbauend sind – wie hier beschrieben – verschiedene Ansätze möglich. Letztlich geht es dann aber immer darum, anhand brauchbarer Messungen bzw. Bewertungen Verbesserungspotenziale aufzuspüren und die richtigen Massnahmen zu ergreifen.

Die Tabelle fasst zusammen, wie die vier hier vorgestellten Modelle die Dimensionen Standardisierung, Messung und Verbesserung abdecken:

Ansatz	Standardisierung	Messung	Verbesserung
ISO 9001	X	X	(X)
ISO 9004		X	X
EFQM	(X)	X	X
Six Sigma		X	X
BSC		X	(X)

Managementmodelle in der Vehfreude

<u>Vorbemerkung</u>: *Managementsysteme sind Kinder des ausgehenden 20. Jahrhunderts. So verfügt die Käserei in der Vehfreude natürlich nicht über ein solches. Entsprechend schwierig war es für die beiden Studierenden, die Vehfreude unter diesem Aspekt zu betrachten. Der hier beschriebene Versuch einer Analyse ist dennoch wertvoll. Auch in heutigen Unternehmen findet man oft nicht viel mehr als in der Vehfreude, wenn man mit dem Aufbau eines Managementsystems beginnt ... (J. Meier)*

Als Managementsysteme werden hier nur die Modelle ISO 9001 und EFQM betrachtet, zumal nur diese die drei Dimensionen Standardisierung, Messung und Verbesserung umfassen. Auch sind diese beiden Modelle heute für Unternehmen der Komplexität und Grösse einer Käserei erste Wahl, wenn es um die Einführung von Qualitätsmanagement geht.

ISO 9001

Die Norm ISO 9001 ist nach folgenden Kapiteln gegliedert: *Qualitätsmanagementsystem, Verantwortung der Leitung, Management von Ressourcen, Produktrealisierung* und *Messung, Analyse und Verbesserung.*

Qualitätsmanagementsystem: Klare, schriftliche Prozessdefinitionen und Dokumentationen fehlen weitgehend. Wie bereits im Kapitel Prozessorientierung festgehalten, wird über die Absatzmengen nicht ordentlich Buch geführt: *„Du machst nicht recht auf, du bschyssest! [...] Du machst nur ganze Pfund auf, und die halben und dreiviertel [...] die machst gar nicht auf"* (S.99). Im Gegensatz zu damals findet man heute in vielen Unternehmen das Umgekehrte: jede Menge Dokumente, oft in vielen Versionen nebeneinander. Beginnt man, ein Managementsystem einzuführen, geht die Suche los. Wo überall haben wir Dokumente, welches sind die Aktuellsten, brauchen wir die heute überhaupt noch, oder haben wir sie einfach deshalb noch, weil der Mensch – nach dem die Jagd nicht mehr lebensnotwendig – ein umso fleissigerer Sammler geworden ist? Diese Problematik wird heute im Qualitätsmanagement mit dem Begriff „Dokumentenlenkung" gelöst.

Verantwortung der Leitung: Eine verantwortliche Leitung ist in der Vehfreude nicht auszumachen. Es mischen alle Teilhaber mit, wobei das Gemeinwohl den Partikularinteressen geopfert wird. Selbst der Ammann, bis anhin die Respektsperson im Ort, gewohnt, seinen Willen durchzusetzen, wird eines Besseren belehrt: *„Also, verstehts recht: wer Peters Meinung ist und den Senn nicht mehr will, sondern einen andern, der bezeuge es mit dem Handmehr!" und hoch hob der Ammann seine Hand auf, und hoch hob sie Perterli auf, sonst keiner mehr. Als lange allein hoch oben die beiden Hände geschwebt, rief der Ammann ungeduldig: "ZDonner, kann ich denn heute nicht mehr abmehren, dass ihrs versteht!"* (S.336).

Nachdem keine Prozesse schriftlich definiert sind, finden sich – mit Ausnahme des Käsers – auch keine Prozessverantwortlichen.

Management von Ressourcen: Ein kostenbewusster und nachhaltiger Umgang mit den Produktionsmitteln ist nicht erkennbar. An der Infrastruktur und an den Betriebsmitteln wurde nicht gespart: *„Schmuck und schön stand die sogenannte Käshütte da, hatte fast so viel gekostet als ein Bauernhaus, denn da war nichts gespart worden, das Käskessi allein hatte bei vierhundert Gulden gekostet, Küche, Käsgaden, Keller, Milchkammer waren geräumig, auch eine Wohnung für den Senn war auf dem obern Boden, ebenso war für einen verschliessbaren Holzraum gesorgt"* (S.84). *„Die ganze Ausrüstung, Butterfass, Gepsen, Kästücher, Käsrahmen, Kalbermagen usw., war auf das beste besorgt"* (S. 86).

Auch die Kühe können „als Betriebsmittel" betrachtet werden. Leicht vergessen wird, dass die Behandlung der Kühe und das ihnen zur Verfügung gestellte Futter einen direkten Einfluss auf die Qualität des Ausgangsstoffes Milch hat; *„Man kam auf den Gedanken, ob die Milch von Kühen, welche mit Gras in Ställen gefüttert würden, nicht ebensogut zum Käsen tauge als die Milch von Kühen, welche auf Alpen zur Weide gingen"* (S.31).

Produktrealisierung: Die Produktrealisierung liegt in den Händen des Käsers. Er ist die Schlüsselperson in der ganzen Wertschöpfung: *„Hat man Haus und Milch, bedarf man auch jemand, welcher aus der Milch den Käs macht, einen Käser oder Senn, wie man zu sagen pflegt. Dies ist die Hauptperson,* *denn von diesem hängt der Käs ab. Ein schlechter Senn kann eine ganze Sommernutzung von hundert Kühen vielleicht im Wert von fünf- bis sechstausend Gulden fast wertlos machen, und was noch mehr ist, den Kredit einer Käserei auf Jahre hinaus zerstören"* (S.35).

Hier zeigt er den hantierenden Hüttenknecht am Käsekessel, und bei diesem handelt es sich um ein System, das der Bierbrauer Karl Thoma vom Duboisgut J.J. Roths in Kirchberg wärmespendend entwickelt hat, nämlich mit einer Ummantelung des Kessels und einem aufklappbaren Kreisdeckel. Die schwere Manteltür hat Rudolf Schatzmann noch mit einem eisernen Traggalgen versehen, um sie leichter schwenken zu können.[24]

Messung, Analyse und Verbesserung: Eine konsequente Messung und Analyse möglicher, für die Produktqualität massgebender Faktoren findet nicht statt. Eine Qualitätskontrolle übernimmt der Käser, zumindest dann, als Mängel im Käse festgestellt werden: *„Dem sah der Senn in der Stille zu, er war*

---

[24] A.G. Roth, Albert Ankers Emmental-Bilder, S.56.

erfahren, er rief nicht «Fürio», bis er wusste, wo es brannte. Er stellte unvermerkt in Gläsern Milch beiseite aus den Brännten, welche ihm verdächtig vorkamen, und suchte Boden, und immer eifriger, weil ihm das Käsen immer weniger geriet" (S.137).

Es wird eine unabhängige Kommission gebildet, die zwei Ursachen für mögliche Qualitätsmängel ausmacht: *„Bei Sepps Hannes Durs sei eine grosse Bränte die schlecht gelötet sei, darin saure die Milch und stinke, man möge waschen und reiben, soviel man wolle. Dem Bauern könne man aber nicht schuld geben und ihn verantwortlich machen, er hätte sein möglichstes getan. Zweimal hätte er sie nach Bern zum grossen Spengler Löther getragen, sie entweder neu z'binde oder neu z'löte..."* (S.149). *„Und dann sei ein zweiter Fall, und der sei anders. Die Lismer Lise im Bohnenloch kennten alle; wenn eine dem Teufel vom Karren gefallen, so sei es die [...] Da hätten sie aber alles ganz unter allem Begriff gefunden: unsauber das Geschirr, nicht halb so viel Milch als geliefert, und noch dazu zigerige, dass es für gewiss anzunehmen sei, dass da ein offenbarer Betrug zutage liege und man die ausschliessen müsse"* (S.150).

Das EFQM-Modell

Auch zu den neun Kriterien des EFQM-Modells und deren mögliche Umsetzung in der Vehfreude können ein paar Angaben folgen:

Während der Käse im Järb auf dem Presstisch liegt und in die Melchter abtropft, hat der Käser – nach stundenlang gewissenhaftester Arbeit – Zeit, eine Pfeife zu rauchen. Vorher soll er das nicht (nur Appenzeller dürfen das, der Folklore zuliebe und zum Schrecken der Hygieniker). Nachher muss er immer wieder den Presswirbel nachziehen und alle 1 bis 2 Stunden den Käse auf die andere Seite überstellen («Chäs-chehre»).[25]

---

[25]   A.G. Roth, a.a.O., S.61.

Führung: Von vorbildlichem Verhalten ist wenig zu spüren. Im Gegenteil, kaum ein Vehfreudiger ist besser als der andere. Die meisten panschen ihre Milch und tummeln sich in ethischen Grauzonen. Dem persönlichen Vorteil wird das Allgemeinwohl geopfert: *„Begreiflich nahm es alle wunder, welches die verfluchtesten Bschysshüng seien, und jeder dachte: «Mich sollen sie wenigstens nicht erwischen, denen will ich schlau genug sein». Am ruhigsten waren die mit sauberem Gewissen, und solche gab es doch auch"* (S. 139). Die Frauen der Anteilseigner scheinen klarere Vorstellungen zu haben: *„Man ratschlagte ernstlich, ob man mit Käsen wieder anfangen oder es unterbleiben lassen wolle. Es gab Weiber, welche förmlich dagegen eiferten; ihr Anhang mehrte sich täglich"* (S.472), auch wenn diese manchmal von Aberglauben getrübt sein mögen: *„Man glaubte an das Hexenwerk in der Käserei, warum sollte man nicht auch an das Wunder mit diesen Briefen glauben?"* (S.472).

Politik und Strategie: Von einer gemeinsamen Strategie ist nichts zu spüren. Allerdings verfolgt jeder Vehfreudiger seine eigene Strategie und wird von einer persönlichen Motivation geleitet – sei es finanziell (persönliche Bereicherung), Schuldenrückzahlung oder Imagepflege: *„ ...die Schwierigkeiten liegen im Inwendigen. Sie liegen erstlich im gegenseitigen Misstrauen; jeder fürchtet, vom anderen betrogen zu werden, wahrscheinlich weil so viele denken: was man machen könne, ohne dass es an den Tag käme, dem habe niemand viel nachzufragen, sei also auch mehr oder weniger erlaubt. Ich mache was ich kann, machs auch, denken wohl die*

Schlaueren" (S.36). Der Zweck soll die Mittel heiligen.

Mitarbeiter: Das Potenzial der Mitarbeiter, der Bauern und ihrer Kühe, wird in der Vehfreude zwar genutzt – jedoch keineswegs optimal. Die Kühe werden beinahe schon übernutzt. Zudem sind die Frauen unglücklich, wird doch dem Erfolg der Käserei alles Übrige geopfert – nicht einmal mehr für Butter und Rahm bleibt genug übrig: *„Die Milch war bis dahin durchgängig unter der Obergewalt des Weibes gestanden. [...] Käsereien ändern dieses ganze Verhältnis durchaus. Die Bäuerin erhält nur das Nötigste für den Haushalt, die Milch wandert geradenwegs in die Käserei, leer bleibt der Keller und leer die Hand der Bäuerin, welche nun nichts mehr zu verkaufen hat"* (S.39).

Partnerschaften und Ressourcen: Der mangelhafte Umgang der Vehfreudiger mit ihren Ressourcen wird im Brief der Kuh: *„Die ehrsame Frau Kleb an den Kalendermacher"* (S.184) trefflich beschrieben: *„Aber wie man mich als Veh behandelt oder vielmehr misshandelt, das muss vor das Publikum, das muss die Nachwelt wissen..."* (S.185).

Prozesse: Von brauchbaren, definierten Prozessen kann in der Vehfreude nicht die Rede sein. Beschreibungen der einzelnen Arbeitsabläufe liegen nicht vor, das ganze Know-how liegt beim Käser: *„Dies ist die Hauptperson, denn von diesem hängt der Käs ab..."* (S.35)

Kundenbezogene Ergebnisse: Die Vehfreudiger zahlen Lehrgeld. Weil die Kundenorientierung fehlt, ist Kundenzufriedenheit auch kaum zu erreichen. Dies zeigt sich auch in der doch eher gleichgültigen Haltung der Käsehändler: *„Er [Sepp, der Nägelibodenbauer] war eben nicht sein Lebtag in der Vehfreude gewesen, hatte sich ein unbefangenes Urteil erworben, übrigens ihm auch ein Freund mitgeteilt, wie die Käshändler über sie spotteten, wo sie hinkämen, und was sie über die Beschaffenheit ihres Mulchs urteilten"* (S.221).

Mitarbeiterbezogene Ergebnisse: Obwohl nicht gemessen, lassen die Beschreibungen Gotthelfs Rückschlüsse auf die Zufriedenheit der Mitarbeiter zu. Die Motivation der Beteiligten ist grundsätzlich stark, sie zielt allerdings auf die jeweils eigenen Interessen, die sich zum Teil diametral entgegenstehen. Man zieht zwar am gleichen Strick, aber in unterschiedliche Richtungen.

Gesellschaftsbezogene Ergebnisse: Die bisher patriarchalisch bestimmte Gemeinde unterliegt in der Vehfreude einem „Demokratisierungsprozess". Allerdings verstärken sich die Gegensätze und Meinungsverschiedenheiten. Das erfährt der Ammann: *„... es geht wohl kaum ein Bissen schwerer den Hals ab als ein solches Abgemehretwerden, wenn man sonst gewohnt ist, aufs Kommando die Hände sich in die Höhe heben zu sehen wie bei den Soldaten auf den Ruf: „Bajonett auf!"*(S.338).

Schlüsselergebnisse: Die angestrebten Ergebnisse wurden im Berichtsjahr in der Käserei in der Vehfreude nicht erreicht. Positiv zu vermerken ist, dass die Rechnung einer unabhängigen Stelle zur Prüfung übergeben wird, wenngleich die Ursache dazu offensichtlich zutage getretene Unregelmässigkeiten sind: *„Die Rechnung zu machen und das Material dazu wurden also einem Unparteiischen ausserhalb der Gemeinde übergeben, trotz dem Geschrei von Eglihannes, jetzt werde es erst ein grosses Geschrei in der Welt geben über die Vehfreudiger Dummheit, die nicht einmal die Käsrechnung selber machen könnten... "* (S.439). Diese erste Rechnung ist auch deswegen unbefriedigend, weil sich die Schlitzohrigkeit des Eglihannes, der mit dem Abverkauf der mangelhaften Käse beauftragt war, auch in einer unbrauchbaren Buchhaltung äusserte: *„Es waren die meisten mehr oder weniger getäuscht, und namentlich durch den Rückstand von Eglihannes. [...] Aber herausgeben musste doch keiner (mit Ausnahme von Peterli, dem Dürluftbauer...), das Unglück des einen machte alles andere gut, die übrigen mit ihrem Los ganz zufrieden"* (S.450). Der Nägelibodenbauer tröste Peterli mit einem Satz, der auch auf das erste Käsereijahr zutrifft: *„Er sagte, das erstemal fehle man leicht, aber das zweitemal werde es schon besser gehen, Erfahrung bringt Wissenschaft; alle Dinge müssten gelernt werden, anfangs wisse man mit keiner Sache recht umzugehen"* (S.451).

Wir sehen, wie wenig von dem vorhanden ist, was die Norm ISO 9001 und das EFQM-Modell erwarten. Das Qualitätsmanagement in der Vehfreude gleicht einem Emmentaler-Käse mit sehr grossen Löchern. Doch auch heute kann manches Unternehmen zu Beginn der Einführung der ISO 9001 oder des EFQM-Modells kaum mehr vorweisen, als das, was in der Vehfreude vorhanden ist.

Kontinuierliche Verbesserung

Sascha Lisser und Fabien Zemp

Verbesserung – Die Theorie

„Nichts ist so stetig wie der Wandel". Trotz dieses geflügelten Wortes tun sich viele Unternehmen schwer damit, Verbesserungspotenziale konsequent zu erfassen und – falls nötig – in Verbesserungen überzuführen. Um diese Schwäche zu überwinden verlangt die ISO 9001 explizit, dass das Unternehmen einen Prozess – den „Kontinuierlichen Verbesserungsprozess" (KVP) – definiert, in den alle denkbaren Verbesserungspotenziale einfliessen. Mit dem KVP werden Verbesserungen in kleinen, überschaubaren Schritten erreicht. Dem Prinzip der kontinuierlichen Verbesserung liegt die Annahme zu Grunde, dass jedes System vom Zeitpunkt seiner Einführung an dem Zerfall preisgegeben ist, wenn es nicht ständig erneuert bzw. verbessert wird. Sanfte Anpassungen haben die ständige Optimierung der verschiedenen Prozesse zur Folge. Dies führt meist zu Erfolgserlebnissen, welche wiederum die Motivation der Mitarbeiter fördern.

Kontinuierliche Verbesserung ist letztlich nichts anderes als Change Management. Selbst wenn man die „richtigen Dinge richtig macht", stellt man eines Tages fest, dass die „richtigen Dinge" nicht mehr die „richtigen Dinge" sind. Um dann eine „Veränderung zum Besseren" herbeizuführen sind drei Hindernisse zu überwinden:

1. Die fehlende Einsicht, dass eine Verbesserung nötig ist. Diese wird durch kurzfristiges Denken gefördert.

2. Die mangelnde Bereitschaft eine Verbesserung durchzuführen, weil man vor zusätzlichem Aufwand zurückschreckt.

3. Das mangelnde Durchhaltevermögen bei der Durchführung der Verbesserung.

Der KVP hat zum Ziel, die Qualität und die Effizienz im Unternehmen laufend und umfassend zu verbessern. Es wird angestrebt, dass alle Mitarbeiter über den KVP „ihre" Prozesse durch eine sinnvolle Anpassung der Sollvorgaben ständig verbessern. Dabei sollen sowohl Ergebnisverbesserungen als auch Verhaltensänderungen erreicht werden. Richtig verstanden ist das Konzept der kontinuierlichen Verbesserung also eine Geisteshaltung, die von den Führungskräften *vor*gelebt und von allen MitarbeiterInnen des Unternehmens *nach*gelebt werden soll.

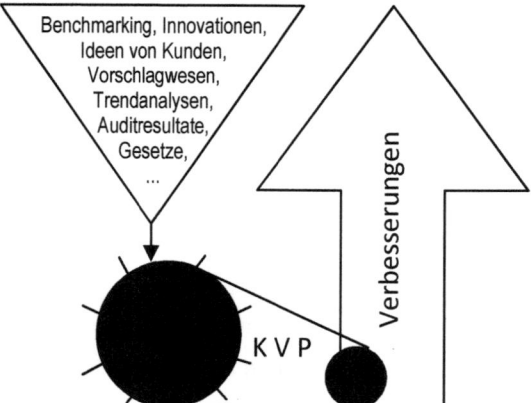

Der kontinuierliche Verbesserungsprozess (KVP) als Motor für alle Arten von Optimierungen

Verbesserung in der Vehfreude

Selbstverständlich fehlt in der Vehfreude – wie bei vielen heutigen Unternehmen, die noch kein Managementsystem eingeführt haben – ein kontinuierlicher Verbesserungsprozess. Hingegen findet man einige Verbesserungspotenziale.

In der Milchproduktion will jeder Milchherr die anderen übertreffen. Man füllt die Ställe mit Rindern. Aus einem fiktiven Brief: *„Fortschritt ist keiner, begreiflich sind daher auch die Kühe in ihrer alten Bildungstiefe gewesen"* (S.184). *„Ehemals hatte der Mann acht Kühe gehabt, jetzt mit meiner zwölfe im Stall, denn sie hatten eine Käserei errichtet"* (S.185). Wer den Viehbestand erhöht, ohne das eigenerzeugte Futterangebot wesentlich steigern zu können, schafft sich Probleme: *„Wer zuviel Kühe hat oder zu wenig Gras im Sommer, der ist in einer sehr bedenklichen Verlegenheit; wenn sie ihm den Schweiss austreibt, so nimmt es uns nicht wunder. Nun, wer an den Winter nicht denkt, kann im Sommer sich immer helfen, aber dafür muss er dann im Winter desto heisser schwitzen, und dieser Schweiss ist schmerzlich und kostet viel Geld"* (S.195).

Für fetten Käse ist die Produktionszeit auf die

Grünfutterperiode beschränkt. Weil Kühe kurz nach dem Kalben die höchsten Milchleistungen bringen, will man die Rinderzucht gegen die Natur dahin lenken, dass der Nachwuchs kurz vor dem ersten Grasschnitt zur Welt kommt. Die zyklische Nachfrage nach gegreiseten Tieren führt zu volatilen Preisen. Das Überangebot an Kälbern im Frühjahr fördert diesen Preiszyklus. Vernünftiger wäre es, die Produktionszeit für fette Käse zu erweitern durch Verbreitung des bisherigen Futterangebots an Wiesenpflanzen: *„Kunstgras, das heisst Klee, Esparsette, Luzerne kamen ins Land"* (S.30).

Der Stall verkommt auch zur Brutstätte von kriminellen Handlungen: *„Es gab aber auch eine andere Sorte von Menschen, welche sich anders half, und zwar mit Zugiessen. Sie gossen Wasser zu, gossen Käsmilch zu, und wenn eine Kuh ein böses Euter hatte und ungesunde Milch gab, so taten sie, als merkten sie es nicht"* (S.136). Rinder gedeihen bei sorgsamer Pflege und genügender Ernährung. Zur Hygiene gehört die Sauberkeit im Stall, die durch häufige Kontrolle zur Basis einwandfreier Milchlieferungen werden.

Bei der Anlieferung werden die Milchmengen registriert, dem jeweiligen Konto gutgeschrieben und auf Informationstafeln bekannt gemacht. Weitere Kontrollen unterbleiben, so dass die Milchpantscher lange Zusatzprofite zu Lasten der Qualität einstecken können. Die Basis für Interne Audits ist vorhanden: *„Die Milch mehrte sich auffallend, neue Kühe kalbten ins Gründe, es hiess allenthalben, das Gras sei in diesem Jahr bsunderbar melchig, die*

Kühe hätten mehr Milch als je. Dazu schüttelte der Senn den Kopf. Er hatte schon anderswo gekäset, daher Erfahrung" (S.130)

Die Morgenmilch kommt direkt in den Kessel, die Abendmilch wird aus den Gebsen dazugeschüttet und anschliessend erwärmt (nicht «gekocht»). Im rechten Moment wird das Lab zugegeben, wie Anker demonstriert.[26]

---

[26]   A.G. Roth, a.a.O., S.60.

Wichtigstes Qualitätsmerkmal der Milch ist der Fettanteil, der zum Teil vor dem Käsen abgeschöpft wird, als Nidle (Sahne) weiterverarbeitet wird oder als Butter in den Verkauf kommt. Milchmenge und Fettgehalt bilden eine gute Basis für ein Prämiensystem als Zuschlag zum Milchgeld. Auch für den Senn könnte mit den Eingangszahlen und Produktionszahlen ein Anreiz für ehrliches Wirtschaften geschaffen werden. Der Senn, in einem besonderen Verhältnis mit zu viel und zu wenig Kontrolle, gerät im Zuge der Milchpanscherei in Verdacht, bei Mengen und Preisen zu Ungunsten der Käserei Personen zu bevorzugen. Kontrollierte sollten allerdings nicht zugleich Kontrolleure sein.

Anstatt wirksame Kontrollen einzuführen, kommt die abstruse Idee auf, den Kleinverkauf in der Käserei zu verbieten, der ständige Geldfluss vom täglichen Handel wäre versiegt. Es bleibt beim Vorschlag. In der Herstellung könnte mit geeigneten Instrumenten die Qualität von Ansatz zu Ansatz durch eine verbesserte Prozessführung optimiert werden: *„...er fühlte genau am Arme den höchsten Wärmepunkt, welchen das Käsen vertragen kann, wenn der Käs nicht zähe und hart und zuviel Milch für ein Pfund Käs verwendet werden soll"* (S.116)

Das Käselager mit der Pflicht regelmässiger Pflege gehört zum Bereich des Sennen. Aufsichtspflicht hat der Hüttenmeister. Beim Wareneingang und Warenausgang fehlt die Disziplin in der Buchführung.

Auch bei der Preisbildung herrscht Verbesserungspotenzial. Die Offerte von 13 ½ Kronen pro Zentner bei Gesamtabnahme wird zu Gunsten eines Gebots von 14 Kronen in den Wind geschlagen. Letzteres verpflichtet jedoch nicht zur Gesamtabnahme des Mulchs. Diesen Pferdefuss wollen die Vehfreudiger nicht sehen: *„Das sei ein Preis, wenn nicht der Höchste, doch der, der wo mehr darunter als darüber verkauft wurden. Er behalte sich bloss vor, die schlechtesten, welche er nicht fortschicken könne, auszuschliessen"* (S.264). So werden dreissig Laibe ausgeschieden. *„Die Vehfreudiger, denen die dreissig Käse, sicher mehr als vierzig Zentner schwer, fast tausend Gulden wert, schwer im Magen lagen... "* (S.279) werden auch bei deren Verwertung durch Eglihannes nicht glücklich, weil der genaue Verbleib der „ausgeschaubeten" Käslaibe nicht mehr nachvollzogen werden kann. Sie verschwinden auf mysteriöse Weise, keiner hat sie und bei der „Abteilig" muss die Käsegemeinde feststellen, dass sie gegen guten Rat ein schlechtes Geschäft abgesegnet hat.

Ergebnisorientierung

Michael Holman und Franziska Lang

Ergebnisorientierung – Die Theorie

Ergebnisorientierung setzt einen festgelegten Zielsetzungsprozess voraus. Bezüglich Ergebnisorientierung fordert die ISO 9001:2008 eine Bewertung durch die oberste Leitung. Diese Bewertung in Form eines Managementreviews kommentiert in einem Rückblick die Zielerreichung, zieht Schlussfolgerungen und legt in einem Ausblick die zu erreichenden Ziele für die Folgeperiode fest. Der ideale Managementreview enthält kurz, knapp und konkret Zahlen, Daten und Fakten möglichst visualisiert und leicht verständlich. Er kann durchaus im Jahresbericht enthalten sein, wo die Gesellschaftsform einen solchen verlangt.

Oft wird vergessen, dass neben Fehlern auch Verschwendungen die Wertschöpfung mindern. Im Zusammenhang mit dem Erstellen der Managementbewertung lohnt es sich deshalb, mögliche Verschwendungspotenziale aufzuspüren.

Richtig verstandenes Qualitätsmanagement ist auch die organisatorische Basis für erleichterte Führung. Schließlich können und sollen die im Qualitätsmanagement dokumentierten Prozessziele ihren Niederschlag in den Zielvereinbarungen finden, die der Vorgesetzte mit den Mitarbeitern individuell ausgestaltet. So kommen wir dank Qualitätsmanagement zu einem durchgängigen Zielsetzungsprozess von der Strategie bis hin zum einzelnen Mitarbeiter.

Qualitätsmanagement	Führung
Prozesse werden definiert und dokumentiert	Wir vereinbaren, was zu tun ist
... nach diesen Festlegungen wird konsequent gearbeitet	... wir arbeiten nach den festgelegten Vereinbarungen
... diese werden gemessen, beurteilt, bewertet,	... wir prüfen ob wir gemäß den Vereinbarungen arbeiten,
... und bei Bedarf dem Verbesserungsprozess zugeführt	... und wir korrigieren, wo es nötig ist

Der innere Zusammenhang zwischen Qualitätsmanagement und Führung

Letztlich sind die Ergebnisse das einzige, was zählt. Da und dort wird von Skeptikern des Qualitätsmanagements behauptet, es sei gleichgültig, wie das Ergebnis zustande komme, wenn es nur das Richtige sei. Das mag durchaus stimmen. Allein – die Erfahrung zeigt, dass die wahrhaft Erfolgreichen ihre Prozesse kennen und beherrschen. Beherrschte Prozesse führen bei bekanntem Aufwand zu vorhersehbaren Ergebnissen. Prozessbeherrschung unterscheidet deshalb die Erfolgreichen vom Durchschnitt.

Es lohnt sich also, das Thema Qualitätsmanagement strategisch anzugehen und im Unternehmen nachhaltig umzusetzen. Die Strategie zur Einführung von Qualitätsmanagement im Unternehmen wiederum beginnt mit dem Definieren und Dokumentieren der vorhandenen Prozesse.

Da die ISO 9001 die Definition und Dokumentierung der Prozesse zwingend verlangt, sollte diese Norm in einem ersten Schritt als Grundlage zum Aufbau seines Managementsystems benützt werden. Dabei stellt sich die Frage, ob das Managementsystem dann auch zertifiziert werden sollte.

Für eine Zertifizierung sprechen drei gewichtige Gründe:

1. Der getriebene Aufwand wird mit der Überprüfung durch eine unabhängige Zertifizierungsfirma „belohnt".

2. Dem Unternehmen wird bestätigt, einen international akzeptierten „Gut genug"-Standard zu erfüllen.

3. Man steht „von aussen" unter Druck, die Qualitätsbemühungen aufrecht zu erhalten und muss dies gegenüber der Zertifizierungsfirma jedes Jahr neu belegen.

Von Hasle, wo *Anker* mehrmals gewohnt hat, ist, so viel wir sehen, für die «Vehfreude» kaum etwas verwendet worden. Vielleicht das wiedergegebene Haus mit der acht Fenster breiten Holzfront unter Halbwalmdach könnte, mit Ausnahme der Hanglage, vom Haus an der Kirchtreppe des *Eichholzbortes*, datiert 1799, genommen sein; denn man weiss, dass Anker dort gezeichnet hat. [27]

---

[27] A.G. Roth, a.a.O., S. 86.

Ergebnisorientierung in der Vehfreude

Ergebnisorientierung setzt einen festgelegten Zielsetzungsprozess voraus. Eine solche Ergebnisorientierung ist in der Käserei in der Vehfreude verständlicherweise nicht anzutreffen. So treffen die Bauern im Laufe der Geschichte zahlreiche Entscheidungen, die den Vorstellungen des Qualitätsmanagements nicht entsprechen.

Die erste Entscheidung, die im Buch gefällt wird, ist symptomatisch für die folgenden. Die Vehfreudiger wollen eine Käserei errichten, obwohl sie eine Schule nötiger hätten und diese sogar von der Regierung befohlen worden war. Jedoch wird über den Nutzen einer Schule für die Zukunft kaum nachgedacht. Die Käserei wird aus Trotz errichtet.

Die Vehfreudiger wollen ein Zeichen setzen, dass sie *„keine Fötzel seien und wüssten, was Trumpf sei zu dieser Zeit. [...] Von grossem Nutzen aber seien solche Käsereien, das Geld komme wie durch ein Stiefelrohr herab... "* (S.19).

Sobald der Beschluss gefasst ist, machen sich die Dorfbewohner daran, Statuten und ein Reglement festzulegen. Auch hier handeln sie entgegen jegliche Grundlage guter Planung, weil *„jeder wollte* *noch was hineinschmuggeln und erlisten, von dem es ihn düechte, es wäre kommod für ihn und ein Lätsch um den Hals für andere"* (S.44).

Der Standort der Käserei wird dort festgelegt, wo im Hinblick auf die Gefühle der Frauen die Kirche am ehesten im Dorf bleibt, denn: *„Jede wollte also die Käserei bei ihrem Hause haben oder aber so gelegen, dass keine andere den Vorteil hätte und man rundum sehen könne, wer hineingehe, und wer herauskomme"* (S.47).

Die Vehfreudiger Frauen mögen Bethi, die Frau vom Nägeliboden nicht. Dies auch deshalb, weil sie ihnen von ihren Männern oft als Vorbild vor Augen geführt wird. Das weckt Eifersucht: *„Dass die Männer alle das Recht haben sollten, alle Tage zur Käserei zu gehen, der Nägelibäuerin vor die Augen zu stehen, das kam ihnen unendlich schrecklicher vor, als wenn sie ihre Männer sehen täten im Fegfeuer an langen, langen Bratspiessen über dem Feuer, als wären es Leipziger Lerchen"* (S.57). So wird statt des Nägelibodens nur der zweitbeste Ort gewählt. Er befindet sich mitten im Dorf.

In der Managementbewertung ist es wichtig, auch Verschwendungspotenziale aufzuspüren. Eine solche Verschwendung begehen die Vehfreudiger bei der Gestaltung und Einrichtung der Käshütte: *„An der Hütte sollte nichts gespart, sondern gezeigt werden, dass man auf der Vehfreude sich nicht an tausend Gulden mehr oder weniger kehre"* (S.46). Dieser Vorsatz bindet Ressourcen, die anderweitig sinnvoller benutzt hätten werden können.

Nun wird also mit dem Käsen begonnen. Fast jeder Bauer setzt sich zum Ziel, möglichst viel Milch abzuliefern, um vor den anderen gut dazustehen und am Schluss einen möglichst grossen Anteil am Gewinn zu erhalten. Deshalb nehmen sie in Kauf, dass die Frauen ein Loch in der Haushaltskasse oder auch zu wenig Milch für den Eigenbedarf haben. Ausserdem beginnen die meisten Bauern die Milch mit Käsmilch oder Wasser zu verdünnen oder mischen sogar auch die Milch von kranken Kühen bei. Dabei denken sie nicht darüber nach, was das für die Produktion und das Endergebnis, den Käse, bedeutet. Keiner will bewusst betrügen, *„sondern es wollte jeder bloss zu rechter Zeit Vorsichtsmassregeln treffen, dass wenn andere betrögen, er dabei nicht zu kurz komme"* (S.94). *„Sie hatten es dabei wie ungezogene Jungen, welche, wenn man ihren Mutwillen ein- oder zweimal nicht merkt, das Ding immer ärger treiben, immer frecher werden"* (S.137). So nimmt die Menge an Milch immer mehr zu und die Qualität immer mehr ab.

Zur Qualitätskontrolle werden keine Abmachungen getroffen. Weder wird festgelegt, welche Qualität nicht unterschritten werden darf, noch wer diese kontrolliert oder was im Falle einer Unterschreitung der Standards geschehen soll. Der Senn wendet sich nur deshalb an den Sekretär Eglihannes, weil er fürchtet, den Bauern als Sündenbock für den schlechten Käse dienen zu müssen. Jener wiederum ruft nur deshalb eine Käsgmeind ein, weil er grimmigen Gemüts gegen diejenigen war, *„welche es mit der Milch noch viel ärger treiben sollten"* (S.139).

Da fast alle Bauern gemogelt und ihre Milch gestreckt haben, werden nur solche in die Untersuchungskommission gewählt, von denen man annimmt, dass sie nichts aufdecken werden. Damit wird die Qualitätskontrolle ad absurdum geführt.

Die Frauen der Kommissionsmitglieder wissen jeweils um die bevorstehenden Kontrollen und erzählen dies ihrer liebsten Freundin weiter. Diese informiert wiederum ihre liebsten Freundinnen. So wissen die Kontrollierten immer schon im Voraus vom bevorstehenden Besuch und können entsprechende Massnahmen treffen. Das verhindert eine wirkungsvolle Kontrolle. Deshalb ist es auch kein Zufall, dass nur eine Übeltäterin überführt wird. Dabei handelt es sich – wie könnte es anders sein? – um die unbeliebte Witwe Lismer Lise, die nicht vorgewarnt worden ist und keine Unterstützung hat.

Nachdem dieser Missstand aufgedeckt ist müsste laut Qualitätsmanagement zwingend eine Korrektur stattfinden. Die Käsgmeind einigt sich jedoch darauf, dass die Verfehlung der Lismer Lise ohne Konsequenzen bleibt. Verständlicherweise verbessert sich die Qualität der abgelieferten Milch trotzdem. *„Es war so viel an den Tag gekommen als nötig war, das heisst, jeder begriff, dass er sich in acht nehmen müsse, indem eine Käserei doch nicht alles erleiden möge, und sehr viele merkten dabei, dass man gemerkt, was sie gemeint durchaus ungemerkt zu treiben"* (S.161).

Nun sind die Käse fertig und der Verkauf steht an. Die Vehfreudiger machen den Fehler, nicht das beste Angebot zu wählen. Sie hoffen immer auf einen noch höheren Verkaufspreis. Der Delegation an den Langnauer Markt werden ausserdem unklare Anweisungen mitgegeben. *„Die Instruktionen waren fast so fein, als wären sie diplomatisch, das heisst, man konnte sie nehmen, wie man wollte, alles nach Verstand und Umständen"* (S.224). So kommt es, dass sie das beste Angebot verpassen. Sie müssen akzeptieren, dass viele Käse ausgeschossen werden.

Ein weiteres Versäumnis in der Planungsphase besteht darin, dass die Vehfreudiger keinen Zeitpunkt zur Vorlage der Rechnung definiert haben. So gelingt es ihnen erst mit Drohungen, den Eglihannes zur Vorlage der Rechnung zu bewegen.

Diese Rechnung ist voller Fehler und nicht verständlich. *„Eglihannes hatte in der Rechnung über seinen Käshandel die Namen derer ausgesetzt, welche den Käs nicht bezahlt hatten; die, welche gezahlt waren nicht genannt; die Zahl der verkauften Käse und derer, welche noch da waren, stimmte nicht überein mit der Zahl derer, welche im Herbst übriggeblieben "*(S. 439). Dies alles hat jedoch keine Folgen.

Auch Verschwendungen mindern die Wertschöpfung eines Unternehmens. Deshalb ist es von Vorteil, Verschwendungspotentiale aufzuspüren. Man unterscheidet in Prozessen zwei Arten von Verschwendungen: die Offensichtlichen und die Verdeckten. In der Vehfreude ist die grosse Lagerhaltung eine offensichtliche Verschwendung. Der Käse wird produziert, gelagert und am Ende soll alles zusammen verkauft werden. Man sollte schon während der Produktionszeit, nachdem die ersten Käse fertig sind, nach potentiellen Käufern Ausschau halten und nicht erst am Schluss, wenn alle Käsereien gleichzeitig ihren Käse verkaufen wollen. So wird viel produziert ohne zu wissen, ob alles verkauft werden kann.

Nun kommt bereits das nächste – ganz ruhige – Stadium, das *Formen* (Formaggio) der in den Järbring verpackten Käsemasse unter Deckel, Kreuz und *Presse* mit dem «Wirbel» zum Nachziehen.[28]

Die mangelnde Teamarbeit der Bauern ist die grösste verdeckte Verschwendung in der Vehfreude. Sie arbeiten nicht zusammen, da jeder seine persönlichen Interessen über das Gemeinwohl stellt und am meisten Milch abliefern will.

---

[28]   A.G. Roth, a.a.O., S.61.

Verbesserungsmassnahmen die zu Lasten anderer Prozesse gehen, sind auch Verschwendung. Weil alle Milch in der Käserei abgeliefert werden soll, wird den Bauersfrauen keine Milch mehr zugestanden. Nun können sie ihren Gästen keine Milch mehr anbieten, haben nicht mehr die Möglichkeit, das Haushaltsgeld durch den Verkauf kleiner Mengen aufzubessern und werden auch selbst um den Genuss von Milch gebracht. Das frustriert nachhaltig.

Nachgedanken

Jürg Meier

Der Mensch

«Wer wahrhaftig ist, der saget frei, was recht ist; Und ein wahrhaftiger Mund bestehet ewiglich» - Dieser Spruch ziert den Grabstein von Albert Bitzius (1797-1854) in Lützelflüh.

Kämpferisch, von heftigem, schroffem Wesen kann dieser seine Gegner oder jene, die er als solche wahrnimmt, in beleidigender Weise verletzen, wird in solchen Kämpfen aber auch immer wieder selbst verletzt. Vehement lehnt er sich beispielsweise gegen die völlig ungerechtfertigte Lohnkürzung eines verdienten Lehrers zur Wehr und legt sich darüber sogar mit dem zuständigen Oberamtmann an. Verlassen auch von seinen Freunden, die vor dem Mächtigen einknicken und sich von Bitzius abwenden, wird er unter „Beförderung zum Pfarrer von Amsoldingen bei Thun" strafversetzt. Diese Stelle tritt er zwar nie an, da er kurz darauf im Sinne einer „versteckten" Rehabilitation zum Vikar nach Bern berufen wird.

An der Heiliggeistkirche in Bern erlebt er, wie die Auswirkungen der Pariser Junirevolution die Schweiz erreichen. Erneuerungsbewegungen kommen auf, Volksversammlungen schiessen aus dem Boden. Vikar Bitzius – überzeugt davon, dass der geistige und soziale Fortschritt der Menschheit von Gott gewollt ist – wird zum Kämpfer für die liberalen Anliegen jener Tage. Die Befreiung durch die liberale Bewegung vergleicht er mit der befreienden Wirkung des Christentums. Er erhofft sich, dass der neue Staat einen „äusseren", wie der Glaube einen „inneren Weg" in das mündige Christsein hinein anbietet. Für ihn ist die gottgewollte Staatsform die, *„in welcher eine vom christlichen Glauben geleitete Regierung im engsten Bunde mit der von gleicher Verantwortung getragenen Kirche die Geschicke lenkte"* [29]. Als die Radikalen zunehmend die Oberhand gewinnen und der Kirche im Staat nur noch ein Randdasein zubilligen wollen, wendet er sich enttäuscht ab und wechselte die Fronten, begünstigt wohl auch durch seine Erlebnisse als Feldprediger des dritten Berner Infanteriebataillons während der blutigen Zusammenstösse im Baselbiet, die schliesslich zur Trennung in die Halbkantone Baselland und Baselstadt führten.

„Das Christentum allein bedingt den wahrhaften Fortschritt, denn es will ja die Vervollkommnung jedes einzelnen Menschen ohne Unterschied und zwar auf einem Wege der allen offen ist. Das Christentum allein heiliget die Staatsform und garantiert die Wahrheit. Es fordert die Treue, ehrt jede Persönlichkeit, sichert alle Güter, verbindet die Bürger durch die Liebe zu Brüdern und hat den obersten Grundsatz: „Was du willst, das dir die andern tun, das tue du auch ihnen" [30].

---

[29] Karl Fehr (1954): Jeremias Gotthelf, Zürich 1954, S. 202.
[30] Jeremias Gotthelf, Zeitgeist und Berner Geist, Zürich 1926, S. 141.

Eine Trennung der Kirche vom Staat führt aus Gotthelfs Sicht dazu, dass der Staat sein Fundament verliert. Als Pfarrer sieht er seine Aufgabe darin, den Menschen – dem „Volk Gottes" – in seinem Einflussbereich das Evangelium nahe zu bringen. Der mündige Christ hat dann die schwierige, persönlich zu erfüllende Aufgabe, das „Buch der Bibel" als theoretischen Leitfaden im „Buch des Lebens" praxisorientiert umzusetzen. Der sonntägliche Kirchgang soll nicht das Ende, sondern der Anfang des christlichen Glaubens sein, der Alltag dessen Fortsetzung. Betrachtet man die Nachfrageseite, befinden sich der Gottesdienst- und Predigtbesuch allerdings damals wie heute in einer Krise. Inwiefern es auch mit Gotthelfs persönlichem Predigtstil zusammenhängen mag, dass seine Gottesdienste – zur Freude seiner Gegner – eher schlecht besucht waren, bleibe dahingestellt.

Beeinflusst vom Gedankengut Heinrich Pestalozzis, dem er 1826 einmal begegnet, setzt er sich kompromisslos für das Schulwesen, und hier besonders für eine menschenwürdige Entlohnung der Lehrer und gegen die unhaltbaren Raumverhältnisse in den damaligen Schulstuben ein. Dies in der Überzeugung, dass Bildung eine Grundvoraussetzung für die Freiheit des Menschen darstellt. Gleichzeitig bekämpft er die modernen Volksschule, weil sie sich für seine Begriffe zu stark vom christlichen Gedankengut, dem doch Staat und Schule dienen sollten, entfernt.

Für ihn ist die Familie Hort, Quelle und Kern der Gesellschaft: *"Im Hause muss beginnen, was leuchten soll im Vaterland"* [31]. In der Familie soll, ja muss das christliche Leben eingeübt werden.

In den letzten Lebensjahren erleben wir ihn in seinen Zeugnissen oft als verbittert, er wirkt da und dort auch ungerecht in seinem Urteil, wenn er etwa gegen die Demokratie und ihre Vertreter, gegen den Zeitgeist, gegen die Sozialisten, die Kommunisten und gegen die Aufklärung wettert. Auch seine Unfähigkeit, Fremdem offen und vorurteilslos gegenüberzutreten und sein verklärter Patriotismus, der die Schweiz im Allgemeinen und das Emmental im Besonderen als „Nabel der Welt" – ja selbst den Donner im Gewitter dort als besser empfindet, denn anderswo – kontrastiert merkwürdig mit der von ihm vertretenen biblischen Botschaft, wonach Gott will, *„dass allen Menschen geholfen werde"* (1.Timotheus 2,4).

Recht spät, im Alter von 39 Jahren erscheint sein erster Roman, „Der Bauernspiegel". Für ihn ist das Schreiben eine Befreiung, ein eruptives Ventil, das ihm die Möglichkeit gibt zu sagen, was ihm in Beruf und Ämtern oft als Anmassung und Frechheit ausgelegt wurde. In den Romanen treffen wir auf seine sozialen und politischen Anliegen, so etwa das *Schul*wesen in den „Leiden und Freuden eines Schulmeisters", das *Armen*wesen in „Der Bauernspiegel", das *Geld*wesen in „Geld und Geist". Die Familie als Zelle der Gesellschaft und der Mensch im Spannungsfeld zwischen Gut und Böse, zwischen Christus und dem Teufel, sind Gegenstand seines ganzen schriftstellerischen Werks.

---

[31] Jeremias Gotthelf, Eines Schweizers Wort an den Schweizerischen Schützenverein, Bern 1842, S. 15.

Angesichts seines volkstümlichen, kräftigen, originellen, ja manchmal auch deftigen, mit Mundartpassagen durchzogenen Schreibstils werfen ihm viele – Bewunderer wie Kritiker – mangelnde literarische Ästhetik vor. Festzuhalten ist allerdings, dass sich die Gotthelf-Forschung erst in jüngerer Zeit auch in den Literaturwissenschaften zu regen beginnt. Mit der Dissertation „Von der Kunst des Käsens und Erzählens" wurde mit der „Käserei in der Vehfreude" erstmals ein Roman Gotthelfs strukturalistisch analysiert und dessen ästhetische Struktur nachgewiesen [32]. Frühere Erklärungsversuche beschränken sich vor allem auf die religionswissenschaftliche und die sozialgeschichtliche Deutung seines Werkes.

Niemand jedoch bezweifelt das Genie des Schriftstellers. Walter Muschg vergleicht ihn mit seinem Zeitgenossen Gottfried Keller (1819-1890) und bemerkt: *„Keller verkörpert ein Jahrhundert, Gotthelf ein Jahrtausend"* [33].

Da stellt sich die Frage, welche zeitlosen Botschaften einen solchen Superlativ rechtfertigen könnten?

---

[32] Charlotte Walder, Von der Kunst des Käsens und Erzählens, Bern 2005, 222 S.

[33] Walter Muschg, Gotthelf – Die Geheimnisse des Erzählers. 1931, S. VI.

Der Schriftsteller und seine Botschaften

Das Buch „Wege der deutschen Literatur", das uns während der Gymnasialzeit im Literaturunterricht treuer Wegbegleiter war, bemerkt im Kapitel „Höhe des Realismus" zum Schriftsteller Jeremias Gotthelf: *„ (Er) wählte seinen Schriftstellernamen nach der Titelgestalt seines ersten Buches: «Der Bauernspiegel oder Lebensgeschichte des Jeremias Gotthelf». Diesem ersten europäischen Bauernroman folgte eine lange Reihe weiterer, meist im Emmentaler Raum spielend [...] Sie erfassen bald mahnend, liebend ratend oder anklagend, bald polternd, grollend, hassend die ganze Wirklichkeit menschlichen Lebens und stellen sie unter das Gebot Gottes. [...] Aber die Kanzel genügte ihm nicht für seine erzieherischen Absichten; so wurde er zum sprachgewaltigen, eifernden, phantasiebegabten, ja genialischen Erzähler, der sich nicht selten einer mundartlich gefärbten, seinen Bauern abgelauschten Sprachen bediente [...] Gotthelfs Realismus ist ein ethischer, bei dem Gut und Böse nicht blosse Worte darstellen, sondern Säulen und Träger der Welt [...] (Das Weltbild Gotthelfs ist) ein sittliches; Gut und Böse, Göttliches und Teuflisches sind bei Gotthelf Wirklichkeit einer grossen, christlich erlebten Ordnung. Das urtümlich naturhafte umfasst noch das Heidnische und verbindet es mit dem Christlich-Sittlichen"* [34].

Allerdings hat uns Albert Bitzius als Schriftsteller nicht nur ein umfangreiches Werk hinterlassen, er

---

[34] Hermann Glaser, Jakob Lehmann, Arno Lubos, Wege der deutschen Literatur, Frankfurt 1962, S.223.

überlässt uns auch die Schwierigkeit, dieses einvernehmlich einzuordnen.

Ist für Bitzius das Schreiben lediglich eine Ausweitung seiner Tätigkeit als Prediger? Zumindest legt das von ihm selbst gewählte Pseudonym Jeremias Gotthelf diesen Schluss nahe:

„Gotthelf ist Nachfahr Zwinglis, der das Alltagsleben mit christlichem Geist durchdringen wollte. Für die vielgestaltigen Leiden des Lebens hat er einen scharfen Blick. Nichts Menschliches bleibt ihm fremd. Es ist nicht das Naturerlebnis, das ihn zum Dichter gemacht hat, sondern die menschliche Not, die er mit heissem Herzen erfährt. In mannigfacher Form tritt sie ihm entgegen, als Not der Armen, der Verdingkinder und Dienstboten, als menschliche Ohnmacht gegenüber den Naturgewalten, als Branntweinpest, Schul-, Ehe- und Familiennot. Er kennt die Leiden, die aus dem religiösen und medizinischen Aberglauben erwachsen, er schildert alle nur immer denkbaren Nöte des Leibes und der Seele. Das alles treibt ihn zur Klage und Anklage. Daher vergleicht er sich mit Jeremia, dem Propheten der Klagelieder, der bald leidenschaftlich, bald wehmütig zartsinnige Streitgespräche mit seinem Volk führt. Aber er weiss auch um Hilfe. Der zweite Teil seines Pseudonyms drückt Bitte und Zuversicht zugleich aus: Gott möge helfen und er wird helfen" [35].

In der „Bettagspredigt für die eidgenössischen Regenten" von 1839 nimmt Gotthelf zum Beweggrund für seine schriftstellerische Tätigkeit auch selbst in diese Richtung Stellung: *„Aber wie soll er (der*

---

[35] Kurt Guggisberg, Jeremias Gotthelf als Theologe, Bern 1954, S.124.

Prediger) mit dem Worte zu euch dringen, in wel-
cher Kirche soll er euch predigen? Er findet euch in
keiner Kirche. Darum will er benutzen eins eurer
guten Werke, das aber mit Sünde befleckt ist, die
freie Presse, und möchte sie diesmal euch zum Se-
gen wenden. Das geschriebene Wort wird sich
drängen in eure Hände, möchte es Gott aus den
Händen auch in die Herzen dringen lassen" [36].

Dies führt Cimaz in seiner Werkanalyse zum
Schluss: *„Für Gotthelf ist das Schreiben in all sei-*
nen Formen eine Weiterführung der Predigt", ein
Umweg, welcher der Verkündigung von einer Öf-
fentlichkeit aufgezwungen wurde, die sich stark
ausgedehnt und immer mehr von der Kirche eman-
zipiert hatte. Die moderne Verbreitung von Druck-
erzeugnissen gibt dem Wort Gottes jenen Widerhall,
den ehedem das Wort des Propheten bei König und
Volk haben konnte" [37].

In diesem Zusammenhang sind für theologisch Inte-
ressierte allerdings die Hinweise zum „Phänomen
Bitzius-Gotthelf" bedenkenswert, die Ulrich Knellwolf in seiner Dissertation in den „Zwischenüberle-
gungen" unter dem Titel „1. Bitzius und Gotthelf"
formuliert: *„Dass Gotthelf der Pfarrer Albert Bitzi-*
us geblieben ist, liegt begründet in der speziellen
Berufung, die jeder hat. Darum unterscheidet Bitzi-
us zwischen Roman und Predigt, und darum darf
man nicht zu schnell von seiner vergrösserten Kan-
zel reden. Bitzius unterschied genauer als manche

---

[36] Jeremias Gotthelf, Reden und Predigten, Zürich 1969, S.109.

[37] P. Cimaz, a.a.O., S.40.

seiner Interpreten; vor allem unterschied er theologisch. Predigt und Schriftstellerei sind nicht ein und dasselbe. Theologie und Predigt sind nicht eines. Ebenso wie Predigt und Bibel nicht eines sind.

Was Bitzius tut, und was seines Amtes, zu dem er berufen wurde, ist, ist Predigen. Das geschieht am Sonntagvormittag auf der Kanzel in der Kirche von Lützelflüh und die Woche durch bei Kasualien.

Was Gotthelf tut, was er wochentags vom frühen Morgen an an seinem Schreibtisch verfasst, ist Theologie. Und die gehört so nicht auf die Kanzel, sonst wäre das Pfuscherei. Denn Predigt ist nicht schriftlich, sondern mündlich. Die viva vox Evangelii und die Schriftlichkeit der Theologie sollen nicht vermengt werden [...]Ohne das Schreiben hat das Predigen keinen Sinn, ohne das Predigen das Schreiben gar keinen. Wie ohne die Theologie die Predigt sinnlos ist, und ohne die Predigt die Theologie vollends. Aber die Hierarchie ist gewahrt, und wir sollten uns nicht von der Literaturbegeisterung die Sicht darauf verstellen lassen. Bitzius-Gotthelf wahrte sie. Ziel war die Predigt. Sie steht zu hoch, als dass Jeremias Gotthelf hineinpfuschen dürfte. Die Theologie seiner erzählenden Werke soll helfen, die Krise, in die die Predigt geraten ist, zu beenden, indem sie nicht, wie üblich, auf der Kanzel, sondern unter der Kanzel ansetzt. Volksschriftsteller wollte Jeremias Gotthelf sein" [38].

So sei Gotthelfs Schriftstellerei Theologie im Sinne der *Anleitung zur* Predigt. Erst nach dem „Gelts-

---

[38]   U. Knellwolf, a.a.O., S.97

tag", also ab etwa 1846 verwische sich die Unterscheidung von Verkündigung und Theologie unter dem Druck der Zeitumstände immer mehr [39].

Knellwolf stellt auch die berechtigte Frage, welches Volk der Volksschriftsteller Gotthelf denn ansprechen wollte? Seine Antwort: *„ Unter ‹ Volk › versteht Gotthelf weniger eine soziale Schicht als den laos tou theou, das Volk Gottes, die sogenannten Laien"* [40].

Für mich zeigt Gotthelfs Werk als Ganzes den Menschen, wie er als Spielball zwischen Zeitgeist und Frömmigkeit, zwischen Narrheit und Weisheit, zwischen Aberglauben und Christusglauben pendelt, wie er – um in der Vehfreude zu bleiben – zwischen dem „Dürluft" und dem „Nägeliboden" gleichsam oszilliert. Dabei ist der Schriftsteller Realist genug zu erkennen, dass der Zeitgeist, die Narrheit und der Aberglaube die Frömmigkeit, die Weisheit und den Christusglauben mengenmässig weit in den Schatten stellen. Diese zeitlose, richtige Sicht der Menschheit zwingt „Jeremias" in seinem Werk, den Menschen die düstere Wahrheit seiner Sündhaftigkeit – oft mit dem Donnerwort der alttestamentlichen Propheten – vorzuhalten, während „Gotthelf" stets den Trost eines gnädigen Gottes bereithält.

Drei Botschaften des Schriftstellers sind es, die ihrer zeitlosen Gültigkeit wegen besonders beeindrucken:

---

[39] U. Knellwolf, a.a.O., S. 274
[40] U. Knellwolf, a.a.O., S.104

- Die Bosheit des Menschen
- Der Aberglauben in der Welt
- Das Leben des Christen

Die Bosheit des Menschen

„Gotthelfs Romane handeln vom Leben in den Emmentaler Bauerndörfern. Deren Bewohner sind die Romanprotagonisten. Der gotthelfsche Erzähler macht oft direkte und eindeutige Bemerkungen zum Verhalten der Bauern und beurteilt es oft als recht und unrecht. Moralisch verwerflich handelnde Romanfiguren werden bestraft, manchmal finden sie gar ein grauenvolles Ende. Frömmigkeit wird als Weg zum Heil aufgezeigt" [41].

Diese Aussage ist zweifellos richtig, enthält aber nicht die ganze Wahrheit. Wie schön wäre es doch, könnten wir Gotthelfs Werk „in die Enge" des weiten Emmentales verbannen, die Charakterisierung der Menschen auf die Einwohnerschar jener Gegend reduzieren, die auch heute noch da und dort gemeinhin als „hinterwäldlerisch" verunglimpft wird. So einfach ist es nicht. Gotthelf selbst gibt preis, wie er seine Beschreibungen der Menschen eingestuft wissen will:

„Man sieht: wie die Erde rund ist, daher eigentlich nirgends oben oder unten ist, so ists im Grunde auch mit der Menschheit; da ist nichts oben, nichts unten, nichts hinten, nichts vornen, sondern sie ist überall die gleiche; drehe man sie, wie man will,

---

[41] Ch. Walder, a.a.O., S.15.

kriegt man immer die gleichen Menschen in die Finger" (S.329).

So sind Gotthelfs Menschenbilder Spiegelbilder unseres eigenen Daseins. Wer aufmerksam liest, findet in allen seinen Romanen und Erzählungen immer auch Facetten seiner selbst. Und das ist für uns Leser alles andere als angenehm.

Ebenfalls falsch liegt, wer Gotthelf am liebsten gegen zweihundert Jahre zurückdrängen will in längst vergangene Zeiten. Während ich diese Zeilen niederschreibe, haben wir in einem Vorort unserer weltoffenen „Grossstadt" Basel soeben eine Schlammschlacht um die Wiederbesetzung eines Gemeindepräsidiums hinter uns, die so ziemlich alle Elemente enthält, die von Gotthelf in seinen Werken beschrieben werden: undemokratisches Machtgehabe politischer Funktions- bzw. Würdenträger, polemisches Fertigmachen des (politischen) Gegners, gegenseitiges Zuschieben gemachter Fehler, die Meinung, dass Mehrheit Wahrheit bedeutet, usw. Entzündet hat sich das Feuer, medienwirksam aufgemacht und ausgeschlachtet, an einem „Heckenstreit": Der Gemeinderat hatte beschlossen, die Regeln über das Zurückschneiden von Gartenhecken, die es schon seit Jahren gibt, nunmehr konsequent anzuwenden…

Jeremias Gotthelf ist der „Diagnostiker unserer Bosheit", wie Peter von Matt in seinem gleichnamigen Aufsatz trefflich beschreibt:

„Denn furchtbar ist er, furchtbar in seiner Rede von den Menschen, furchtbar in der Diagnose ihrer

Niedertracht, ihrer Kälte, ihrer steinharten Bosheit. Kein deutscher Autor hat es bis heute gewagt, die menschliche Bosheit, die sich gelassen an sich selbst erfreut, so deutlich als eine schlichte Wirklichkeit hinzustellen wie Gotthelf. [...] Diese Figuren sind nicht Reproduktionen des Teufels in einer säkularen Welt, keine mythologischen Zitate, sondern ganz gewöhnliche, alltägliche Menschen, nur ganz heimtückisch und perfid" und: *"Die grösste Leistung Gotthelfs in der Analyse der Herzenskälte sind aber dennoch nicht die vielen Einzelporträts. Die grösste Leistung liegt in der Aufdeckung dessen, was man die vernetzte Bosheit nennen möchte. Hier ist er neu, markiert er einen Erkenntnisdurchbruch weit über sein Jahrhundert hinaus [...] Wenn Gotthelf auf die Abläufe der vernetzten Bosheit kommt, zeigt er sie als ein Geschehen, dem fast kein Widerstand entgegengebracht wird. Fabelhaft leicht fällt die Schandbarkeit den Leuten, wenn sie nur wissen, dass sie nicht allein sind in der Sache, dass sie nicht Täter sind nach dem herkömmlichen Muster, dass die anderen es auch so halten".* Deshalb *"sollte [man] den Blick nicht ablenken von den vielen Kapiteln in Gotthelfs Gesamtwerk, wo illusionslos, mit Schopenhauers Pessimismus und Nietzsches analytischem Blick, aufgedeckt wird, wie die Menschen gemeinsam, in nachbarschaftlichem Einverständnis und ohne Schuldgefühl die subtilste Perfidie betreiben"* [42].

---

[42]   Peter von Matt, Der Diagnostiker unserer Bosheit, München 2001.

Der Aberglauben in der Welt

Treffend beschreibt Gotthelf in der Vehfreude den Aberglauben: *„Wenn wir hier vom Aberglauben reden, unterscheiden wir zwei Sorten desselben: den höhern und den krassen. Unter dem höhern verstehen wir das Glauben an ein wunderbares Hineinragen einer unsichtbaren Welt in unsere Welt, die Annahme von geistigen Verhältnissen, von einem Zusammenhange der sichtbaren und unsichtbaren Dinge, über welche uns weder etwas geoffenbart noch wir uns dieses nach bekannten Gesetzen zu erklären oder mit unsern Kräften zu begreifen vermögen. Unter dem krassen Aberglauben dagegen verstehen wir den Glauben an Zauberer und Zeichendeuter oder den gesamten Hexenglauben samt Totbeten und abergläubischem Segen usw.*

Wer uns einwenden möchte, unser Unterschied sei ein willkürlicher, den verweisen wir aufs Alte und Neue Testament, wo eben dieser Aberglaube, welchen wir den krassen nennen, verboten ist, und zwar eben weil er Abgötterei ist und auf der Annahme beruht, dass neben Gott noch jemand anders sei, der mit übernatürlichen Kräften den Menschen ausstatten könne, ja dass etwas anderes sei, Zauberei und Gebetsformeln zum Beispiel, welche selbst über Gott Macht hätten und ihn zu zwingen vermochten, sündigem Begehren sündiger Menschen sich zu unterwerfen. Wo der rechte christliche Glaube ist, kann der letztere nicht weilen, er muss schwinden gleich der Nacht, wenn die Sonne kommt. Wie aber die Nacht kommt, wenn die Sonne untergeht, so kommt dieser alte abgöttische Aberglaube wieder in dem Masse, als der rechte christliche Glaube an den lieben Vater im Himmel, von dem jede gute Gabe kommt, schwindet. Nun haben wir freilich aus dem zunehmenden abgöttischen Aberglauben im Kanton Bern, der alle Tage sich mehr zutage legt, Ursache zu dem Schlusse, der Tag neige sich, es schwinde das wahre Licht. Wir glauben übrigens nicht, dass diese Erscheinung im Kanton Bern allein sich zeige; sondern allenthalben, wo die gleichen Ursachen sind, werden auch die gleichen Wirkungen sich zeigen. Wer mir die Behauptung widerlegen sollte und sagen, er habe nichts davon gesehen und Andere ebenso wenig, denn wegen den aufgeklärten Schulen müsse er gerade das Gegenteil glauben, dem würde ich antworten, die Wahrnehmungen seien eben so sehr verschieden, so wie die Sehkraft ebenfalls verschieden sei. Ein guter Pfarrer sprach eben auch einmal von der zunehmenden Aufklärung und Bildung des Volkes und dem schwindenden Aberglauben; der gute Mann wusste aber nicht, dass er zwei Wahrsager hatte in seiner Gemeinde, einen dicht hinter der Kirche und beide mit bedeutendem Zulauf. Wer verbreitet diesen Aberglauben? Dumme Frage! Diesen verbreitet niemand. Man frage: wer zerstört den wahren christlichen Glauben, wer raubt ihn dem Volke, vergiftet ihn, trübt die Quellen? Der ists, wer er auch sei, der am Aberglauben schafft, denn etwas muss der Mensch haben, auf das er sein Vertrauen setzt" (S.106).

Man nennt in unserer aufgeklärten Welt den Aberglauben kaum mehr beim Namen, findet es auch nicht nötig, sich mit ihm abzugeben. Zum Beweis der Aktualität des Themas kommt mir allerdings die Kolumne, die ich dieser Tage in der Basler Zeitung gelesen habe, gerade zur rechten Zeit, um daraus zu zitieren:

„Auf 25 Milliarden Euro [...] werde der Umsatz der Esoterikbranche in Deutschland geschätzt. In der Schweiz wären das, vergleicht man die Zahl der Einwohner, etwa drei Milliarden Franken. Das ist doch gar nicht möglich, dachte ich. Dann begann ich, auf einem Feld zu recherchieren, das mir fremder nicht sein könnte, und siehe da: Kornkreise, Lichtkörper, die eigene Göttlichkeit, ebenso Geistheilung, Schamanismus und Jenseitskontakte, ganz zu schweigen von alternativmedizinischem Stuss wie Bachblüten, Lichtbahnen-Therapie oder Zero-Balancing. Es gibt Hunderte von Therapien, Tausende von Heilern und Experten, die sich berufen fühlen, andere Menschen von Leiden jeder Art zu befreien – und von ihrem Geld. Denn das kostet alles eine Kleinigkeit. Schliesslich ist die Ausbildung der Lehrerinnen und Lehrer dieser Künste enorm anspruchsvoll. Eine ganze Woche dauert die Ausbildung zum spirituellen Heiler, welche die Berliner Firma [...] – eine der Grossen im Geschäft – auch in der Schweiz anbietet“ [43].

Fürwahr, zeitlos aktuell ist der von Gotthelf gegeisselte Aberglauben ...

---

[43]   Ruedi Arnold, Widerrede – Das Geschäft mit dem Übersinnlichen, in: Basler Zeitung, 28.07.2012, S.33.

Das Leben des Christen

Neben der Grösse der Natur, die immer wieder mit Ehrfurcht beschrieben wird und in der der Schriftsteller die Majestät Gottes sieht, ist die Bibel wichtigste Offenbarungsquelle Gottes. Dabei ist das „Buch der Bücher" als Lebensbuch dann richtig angewendet, wenn es als Spiegel göttlicher Wahrheit die gelebte Wirklichkeit des Menschen durchdringt: *„Er war nicht gebildet, er war nicht aufgeklärt auf die neue Mode, sondern auf die alte, das heisst, er war bibelfest, kannte die Bibel, glaubte an die Bibel, sah mit den Augen der Bibel, wertete die Dinge nach dem Massstabe der Bibel, [...] und weit und breit galt kein Mann für so klug und erfahren in allen guten Dingen als Benz"* [44].

Jeremias Gotthelf sieht einen dreifachen Sinn im Leben des Christen [45]:

Erstens geht es um die Erlösung aus Lebensnot und Sündenverstrickung, die oft auf einen radikalen inneren und äusseren Zusammenbruch folgt. Dabei beklagt er auch vehement die zeitgeistliche Strömung, in der die Sünde und das Laster gleichsam „salonfähig" werden: *„Die Sünde soll man gar nicht mehr bei ihrem Namen nennen, vor dem Namen entsetzt man sich [...] Und weil man es doch nicht vermeiden kann, zuweilen von solchen Dingen zu reden, so hat man eigene Worte dafür gefunden, für Ehebruch und Hurerei zum Beispiel Galanterie [...] Den falschen Mann*

---

[44] Jeremias Gotthelf, Zeitgeist und Berner Geist, Zürich 1926, S. 48.

[45] Kurt Guggisberg, Jeremias Gotthelf als Theologe, Bern 1954, S. 122ff.

nennt man einen feinen Mann, den rein tierischen Menschen einen Lebemann, der wisse, was gut sei" [46].

Bei Gotthelf ist der Mensch bestimmt in seinem Verhältnis zum Übernatürlichen. Entscheidend ist die Frage: „Wer ist mein Gott?" – das eigene Ich, der Eigenwille, die Hochmut und die Selbstvergötterung oder der dreieinige, barmherzige und allmächtige Gott und Schöpfer. Ordnung im Menschenleben herrscht nur da, wo man sich an den Allmächtigen bindet und mit ihm im Einklang sich zu leben bemüht. Und weil das eigene Ich, die Selbstverwirklichung im Leben der Menschen gegenüber der Selbstverleugnung in Christi Nachfolge bei weitem überwiegt, findet man in Gotthelfs Werk – dem Gesetz von Aussaat und Ernte folgend – oft den alttestamentlichen Vergeltungsgedanken beschrieben.

Zweitens liegt der Sinn des Lebens in der Vervollkommnung, der Veredlung des Menschen. Nur der christliche Glaube bewirkt, dass der Mensch über das Tier in ihm aufsteigen kann: „*He Kind, für was bist du auf der Welt? Etwa für Lehenmannin auf der Glungge zu sein, ein Dutzend Kinder aufzustellen und ein paar tausend Gulden an einen Haufen zu kratzen? Eben um dich zu ändern, zu lernen, was du nicht kannst, statt der alten Natur nach einer neuen zu trachten, dafür bist du da, dafür bist du getauft, und unterwiesen"* [47].

Drittens führt die Beschäftigung mit Gott und der Weg über das Mittlertum von Jesus Christ zu einer

---

[46] Jeremias Gotthelf, Kalendergeschichten, Zürich 1931, S.341.

[47] Jeremias Gotthelf, Uli, der Pächter, Zürich 1921, S. 67.

Glaubenshaltung, wo sich die Liebe zu Gott in die Liebe zum Menschen erweitert, die zur Arbeit an sich und anderen drängt. Darin erhebt sich der Mensch zur wahren und vollen Menschlichkeit.

So übt das Werk von Jeremias Gotthelf seine Zeitkritik auf der Basis und aus der vollen Kraft der biblischen Botschaft.

Die Zeichnung zum «Alpaufzug» ... zeigt rechts den an die Stegmatt anstossenden Hof *Alt Wydershus*, Nr. 20 *Lugebachweg* und links dessen Stock, von dem die Huttwilstrasse herführt. Diese Zeichnung kam im Mai 1988 unter den Hammer, amüsanterweise unter dem Titel *«bei Ins»* [48]

---

[48]   A.G. Roth, a.a.O., S.72

Was macht die „Vehfreude" aktuell?

„Im Jahre 1849 entstand der sonnigste, blühendste und vielleicht genialste aller Gotthelfischen Bauernromane [...] Wenn man bereits in früheren Werken [...] glaubte, eine Art Erlahmung der Künstlerkräfte feststellen zu können, so sprudelte in diesem neuen Werk eine geradezu barocke Fabulierlust und Vitalität auf. Worin aber liegt das Neuartige, das diesem Werk eignet und das diese Reihe von Superlativen rechtfertigt?" [49]

Gotthelf selbst hat sich – im Gegensatz zu anderen seiner Werke – zur „Käserei in der Vehfreude" inhaltlich kaum geäussert. Im Vorwort, das er auf den 27. Juni 1850 datiert, bleibt er vage: *„In den tiefen Schichten der Gesellschaft und der Geschäfte entsteht und entwickelt die Geschichte sich ab, und zwar hauptsächlich schattenhalb"*, um fortzufahren: *„dass von Natur in sittlicher Beziehung die Menschen sich viel näher stehen, als man ihrem Äussern nach glauben sollte. Ich möchte zeigen, dass Schattenseite und Sonnenseite im menschlichen Leben nicht von äussern Umständen, sondern von etwas Höherem abhängen. Je nachdem die Welt im Gemüte der Menschen sich abspiegelt, wird Schatten oder Licht aufs Leben geworfen, verklären oder verdunkeln sich die Verhältnisse".* (S. 9) Schon der Kalendermacher Gotthelf hat im Neuen Berner Kalender 1940 über *„Die schönen Käsereien und die wüsten Männer"* geschrieben. (Einen Teil dieser Erzählung findet man in etwas komprimierter Form auch im 8.

---

[49] K. Fehr, a.a.O., S.359.

Kapitel der Vehfreude). Dort lassen sich drei Erkenntnisse ableiten:

Erstens die Freude und Befriedigung darüber, dass
die Käsereien ein Ansporn zur besseren Nutzung
des Bodens sind: *„Ich freute mich, wenn ich sah,
wie dadurch der Landbau aufwärts getrieben wird"*
[50].

Zweitens die Enttäuschung darüber, dass die Ver-
grösserung der an die Käserei gelieferten Milchmengen aus Profitgier die Bauern jedes Mass verlie-
ren lassen und damit der Frieden in den Haushalten
gefährdet ist: *„Ach wär ih nume gstorbe, ehe die
verfluchten Käsereien ins Land gekommen! seufzte
die arme Bäuerin"* [51].

Drittens die Erkenntnis, dass wirtschaftlicher Fortschritt und wirtschaftliches Wachstum sich mensch-
lich und gesellschaftlich nur dann positiv auswirken,
wenn der Mensch vernünftig handelt: *„Nein, Männer, der Hausfriede und das Glück eurer Weiber
soll euch über das Käsegeld gehen, sonst kömmt es
wahrhaftig nicht gut. Seid ihr vernünftig, so bleiben
die Käsereien ein Segen des Landes und werden
mehr und mehr eingeführt, und ihr und eure Weiber
und eure Kinder könnet glücklich dabei sein. Seid
ihr unvernünftig, so werden sie ein Fluch fürs Land,
bringen Unglück mit, wohin sie kommen..."* [52].

So wird uns in der Vehfreude das Werden und erste

---

[50] Jeremias Gotthelf, Kalendergeschichten, a.a.O., S. 49.

[51] Jeremias Gotthelf, Kalendergeschichten, a.a.O., S. 48

[52] Jeremias Gotthelf, Kalendergeschichten, a.a.O., S. 51

Wirken einer menschlichen Wirtschaftsorganisation vor Augen geführt und damit der *„Fortschritt und seine Versuchungen"* [53]. Die Errichtung von Talkäsereien bedeutet den Einbruch der Industriementalität in die Agrargesellschaft [54].

Obwohl einzelne Gestalten aus dem Gesamten hervortreten, macht Gotthelf in diesem Roman erstmalig in der Literaturgeschichte ein ganzes Gemeindekollektiv zur „handelnden Person". Aus wirtschaftlichem Blickwinkel sei hier nur ein aktueller Hinweis auf die Figur des Eglihannes gegeben, der der Käserei teils absichtlich, teils ungewollt schadet [55]. Man sieht in ihm gerne das Sinnbild eines Politikers. Solche Typen – *„er war über den Gemeinsinn hinaus und hatte bloss Privatsinn"* (S. 282) – findet man heute leider zuhauf auch dort in der Wirtschaftswelt, wo die Macht in den Unternehmen von unternehmerisch denkenden, voll haftenden Eigentümern auf die Manager übergegangen ist. Vergleichsweise unwirksam kontrolliert wie Eglihannes in der Vehfreude sägen sie munter drauflos an den Ästen auf denen sie sitzen, wohlwissend, dass, wenn der Ast fällt und der Baum zerstört ist, sie dennoch gefahrlos an ihren „goldenen Fallschirmen" wegsegeln können, um ihre Leistungsbereitschaft, deren oft einzige Triebfeder die rücksichtslose Selbstbereicherung ist, andernorts schädigend weiter unter Beweis zu stellen.

---

[53] P. Cimaz, a.a.O., S.403.

[54] P. Cimaz, a.a.O., S.406.

[55] Ch. Walder, a.a.O., S.134.

Die Liebe, der Käse, die Politik [56] – diese drei Handlungsstränge sind in der Vehfreude ineinander verwoben, die auch als „didaktische Satire" bezeichnet wurde, weil der Käse gut oder schlecht sei, je nachdem, wie sich die beteiligten Menschen verhalten[57]. Der Demokratisierungsprozess, dargestellt am Zusammenfliessen der Milchquellen im Dorf, das Ausarbeiten der Statuten als Gleichnis für die verfassungsgebende Versammlung, das Mitspracherecht des Einzelnen, das dennoch nicht dazu führt, dass persönliche Interessen dem Allgemeinwohl geopfert werden, der von gespielter Einigkeit übertünchte Egoismus führen zur Aussage: *„Ja, wenn man einig wäre, man zwänge etwas, das ist eine alte Wahrheit. Aber das Einigsein ist eine grosse Kunst, und man kann manches Dorf aus laufen, man findet keinen, der sich darauf versteht. Partei machen und drücken, düredrücken, dass es kracht, wohl, das kann man, aber das heisst noch lange nicht einig sein"* (S.258).

Dabei ist der Käse Metapher und Gleichnis zugleich. In der Liebe etwa, die Mann und Frau zusammenbringt, sie „ein Fleisch" (vgl. 1.Mose 2,24) werden lässt, sagt Felix zu einem unpassenden Heiratsvorschlag seiner Mutter: *„e Käs wird das kaum geben..."* (S.458).

Schliesslich wird der Käse auch zum Sinnbild für das Verhältnis zwischen Gott und den Menschen.

---

[56] Ch. Walder, a.a.O., S.35.

[57] K.M. Little, Jeremias Gotthelf's „Die Käserei in der Vehfreude", a didactic satire, Bern 1977.

„Ins Ungleiche kann man das Ungleiche rühren, aber wenn die Gewalt ein Ende hat, scheidet doch wieder das Ungleiche sich vom Ungleichen" (S.116).

Der Käselaib kommt schliesslich, nachdem er 1 bis 2 Tage im Salzbad und dann im Heizspeicher gelegen hat, in den *Keller* der Käserei. Hier muss er vom Käser, oder bei grösseren Mulchen vom Hüttenknecht, über Wochen gesalzen und gewendet werden, wie es Anker sehr schön wiedergibt.[58]

Grandios, wie Gotthelf dieses Rühren des Ungleichen ins Ungleiche zu einem Käsegleichnis gestaltet, das schliesslich auf der grossen Langnauer Käsebörse seinen Höhepunkt erreicht: *„Es staucht sich immer mehr, das Einzelne scheint in ein Ganzes sich zu verwerchen, das Ganze zu einem Knäuel sich zu*

---

[58]   A.G. Roth, a.a.O., S.62

ballen. Ja, es kommt fast vor, als wäre der ganze Langnauer Boden selbst ein ungeheures Käskessi, das sich fülle von den zuströmenden Massen wie ein Kessi aus den von allen Seiten herbeigetragenen Bränten. Und seien dann alle ausgeleert und das Einzelne mit dem Ganzen zusammengeflossen und darin aufgegangen, so komme der grosse Senn, drehe den Kessel übers Feuer, schütte den Sauerteig aus und zerhacke die Masse, rühre sie wieder um und um, zerdrücke die Knollen, erleichtere das Binden des Gleichartigen, das Scheiden des andern, rühre mit gewaltigem Arme, bis die Masse weich sei und matt nach Setzen sich sehne. Dann nehme der grosse Senn sein grosses Netz, und mit gewaltigen Armen fasse er den guten Teig, ziehe ihn heraus, lege ihn unter die Presse, und den Rest giesse er aus, da niemand mehr zum Fassen übrig ist, kaum jemand wäre, der diese Käsmilch trinken möchte. Und was müsste das für Käse sein, und welche Kunst müsste er haben, gemacht aus allem, was am Langnauer Markt der ganze Langnauer Boden trägt und in sich fasst, alles wohl gerührt und gerüttelt, gewärmt und gegoren! Einstweilen nun hat unser Herrgott den Langnauer Boden nicht zu einem Käskessi gemacht, seinen grossen Senn nicht gesandt, dass er einen Käs mache aus dem Langnauer Markte; wird kein Gelüsten haben nach dem Käs, noch viel weniger nach der Käsmilch, welche es geben würde" (S.235).

Nur am Rande sei vermerkt, dass der Käse in jenen Tagen bereits ein wichtiger Exportartikel war: *„Die*

Käshändler machten nach und nach die Erfahrung, dass auch die feinsten Berliner und Petersburger Nasen den Unterschied zwischen Alpen- und Talkäs nicht merkten, dass der Käsereikäs ohne Kredit-schwächung prächtig ins Ausland zu gebrauchen sei" (S.32). Deshalb zu behaupten, „Die Käserei in der Vehfreude" sei der erste Wirtschafts-Globalisierungsroman der deutschen Literatur, mag etwas zu verwegen sein. Dass die Vehfreude aber dazu dienen kann, wirtschaftliche Konzepte zu überprüfen ist, so denke ich, mit den Ergebnissen aus dem Kolloquium Qualitätsmanagement, bewiesen.

Es hat grossen Spass gemacht!

Nicht weit brauchte *Anker* zu gehen für das nächste Motiv, es ist im *Lugebach* der Hof des Wasen-Doktors *Zürcher-Ueli.* Er besuchte hier den Sohn, schloss mit ihm Freundschaft... [59]

---

[59] A.G. Roth, a.a.O., S. 74.

Referenztext

Gotthelf, Jeremias (1965): Die Käserei in der Vehfreude – eine Geschichte aus der Schweiz, (Olten: Weltbild), Lizenzausgabe Zürich: Rentsch, Orell Füssli, 526 Seiten.

Weitere zitierte Werke Gotthelfs

Gotthelf, Jeremias (1842): Eines Schweizers Wort an den Schweizerischen Schützenverein, Bern: G. Rätzer, 28 Seiten.

Gotthelf, Jeremias (1921): Sämtliche Werke, Band 11: Uli der Pächter, Erlenbach-Zürich: Eugen Rentsch, 472 Seiten.

Gotthelf, Jeremias (1926): Sämtliche Werke, Band 13: Zeitgeist und Berner Geist, Erlenbach-Zürich: Eugen Rentsch, 472 Seiten.

Gotthelf, Jeremias (1931): Sämtliche Werke, Band 23: Kalendergeschichten, Erlenbach-Zürich: Eugen Rentsch, 448 Seiten.

Gotthelf, Jeremias (1969): Sämtliche Werke, Ergänzungsband 17: Reden und Predigten, Erlenbach-Zürich: Eugen Rentsch, 318 Seiten.

✄ ✄ ✄ ✄

Zitierte Literatur

Cimaz, Pierre (1998): Jeremias Gotthelf (1797-1854) – Der Romancier, Tübingen, Basel: A. Francke, 572 Seiten.

Glaser, Hermann, Lehmann, Jakob, Lubos Arno (1962): Wege der deutschen Literatur – eine geschichtliche Darstellung, Frankfurt/M: Ullstein, 426 Seiten.

Guggisberg, Kurt (1954): Jeremias Gotthelf als Theologe, in: Laedrach, W. (Hrsg.): Führer zu Gotthelf, Bern: A. Francke, S. 122-135.

Knellwolf, Ulrich (1990): Gleichnis und allgemeines Priestertum – Zum Verhältnis von Predigtamt und erzählendem Werk bei Jeremias Gotthelf, Zürich: Theologischer Verlag, 366 Seiten.

Littell, Katherine M. (1977): Jeremias Gotthelf's „Die Käserei in der Vehfreude", a didactic satire, Bern: Peter Lang, 120 Seiten.

Meier, Jürg (2006): Chefsache Qualitätsmanagement – Was Sie als Führungskraft über Qualitätsmanagement wissen müssen. Norderstedt: Books on Demand, 218 Seiten.

Muschg, Walter (1931): Gotthelf – Die Geheimnisse des Erzählers, München: C.H. Beck, 570 Seiten.

Roth, Alfred G. (1997): Albert Ankers Emmental-Bilder zu Gotthelfs «Käserei in der Vehfreude», Burgdorfer Jahrbuch, S.55-96.

Rufer, Hans (1994): Jeremias Gotthelf - Mehr Menschlichkeit im Alltag: Ein besinnlicher Zitatenschatz, Basel: Reinhardt, 135 Seiten

Rufer, Hans (2005): Aus Ehrlichkeit entsteht Freundschaft, Zitate von Jeremias Gotthelf, Basel: Reinhardt, 132 Seiten.

von Matt, Peter (2001): „Der Diagnostiker unserer Bosheit", in: Die tintenblauen Eidgenossen, Über die literarische und politische Schweiz. München: Hanser, 319 Seiten.

Walder, Charlotte (2005): Von der Kunst des Käsens und des Erzählens – Strukturalistische Analyse des Romans *Die Käserei in der Vehfreude* von Jeremias Gotthelf, Bern: Peter Lang, 222 Seiten.

Jürg Meier, Prof.Dr.phil., Biologe, war während 20 Jahren in leitender Stellung, zuletzt als Geschäftsführer in einem international tätigen KMU der Pharma-, Diagnostik- und Kosmetikbranche (Pentapharm AG) tätig. Er leitete dort die Geschäftsbereiche Forschung und Entwicklung, Fabrikation und Qua-litätsmanagement und war Technischer Leiter einer Tochtergesellschaft in Brasilien. Nach einer Ausbildung zum Quality Systems Manager und Quality Systems Auditor, (European Organisation for Quality) baute er mehrere Managementsysteme nach ISO 9000 auf und entwickelte sie prozessorientiert weiter. Seit 2001 ist er Inhaber der JUMEBA, Ausbildung, Beratung, Dokumentierung und Führung von Unternehmen in Pfeffingen bei Basel. Ausserdem wirkt er als Titularprofessor für Zoologie an der Universität Basel und ist Lehrbeauftragter für Qualitätsmanagement am Wirtschaftswissenschaftlichen Zentrum der Universität Basel. Als 2. Auditor ist er freier Mitarbeiter der SQS, Schweiz. Vereinigung für Qualitäts- und Managementsysteme. Er ist zudem registrierter Toxikologe und Präsident der Gemeinsamen Tierversuchskommission der Kantone Aargau, Baselland und Baselstadt. Er ist Verfasser von mehr als 100 wissenschaftlichen Publikationen und Herausgeber bzw. Autor von mittlerweile zehn Büchern zu wirtschaftlichen, biologischen und theologischen Inhalten.

Eine Auswahl weiterer Bücher von Jürg Meier:

BIOLOGIE

Faszinierende Gifttiere, Books on Demand, Norderstedt 2001, 216 Seiten, ISBN 978-3-0344-0017-6

Handbuch Zoo – Moderne Tiergartenbiologie, Haupt, Bern 2009, 232 Seiten, ISBN 978-3-2580-7448-1

THEOLOGIE

Brennpunkte, Books on Demand, Norderstedt 2010, 96 Seiten, ISBN 978-3-8391-3873-1

Essays für Christen, Books on Demand, Norderstedt 2010, 96 Seiten, ISBN 978-3-8423-4481-5

WIRTSCHAFT

Erfolgreiche Führungsgespräche – Gesprächstechniken für Führungskräfte, Gabal, Offenbach 2004, 188 Seiten, ISBN 3-89749-464-7

Das 1 x 1 des Qualitätsmanagements – Führung und Qualität nach ISO 9001:2008 – inkl. Tipps für die Praxis, Wien: Austrian Standards Plus Publishing 2009, 108 Seiten, ISBN 978-3-8540-2189-6

Der Sieg des Sitzfleisches über das Gehirn – Total Quality Management im Sitzungswesen, Books on Demand, Norderstedt 2011, 160 Seiten, ISBN 978-3-8423-6901-6

IHR ERFOLG IST UNSER ZIEL

JUMEBA

Die Kosten der Erstellung dieses Buches wurden von meiner Firma **JUMEBA – Ausbildung, Beratung, Führung und Dokumentierung von Unternehmen** übernommen.

Sie finden uns und unsere Angebote im Internet unter:

<u>www.jumeba.ch.</u>